FUNDAMENTOS DE PROGRAMACIÓN

FUNDAMENTOS DE PROGRAMACIÓN

APRENDIENDO Y APLICANDO LA LÓGICA DE LA PROGRAMACIÓN EN LENGUAJE C

DR. MIGUEL S. SOLARES RIACHI

Las Bases de la Computación y Programación en Lenguaje C, enfocados a la currícula de la asignatura de acuerdo con los Planes y Programas de Estudio vigentes para la Asignatura en el I.P.N.

Número de Control de la Biblioteca del Congreso de EE. UU.:   2021913512
ISBN: Tapa Dura   978-1-5065-3797-9
             Tapa Blanda   978-1-5065-3796-2
             Libro Electrónico   978-1-5065-3798-6

Información de la imprenta disponible en la última página.

Para realizar pedidos de este libro, contacte con:
Palibrio
1663 Liberty Drive, Suite 200
Bloomington, IN 47403
Gratis desde EE. UU. al 877.407.5847
Gratis desde México al 01.800.288.2243
Gratis desde España al 900.866.949
Desde otro país al +1.812.671.9757
Fax: 01.812.355.1576
ventas@palibrio.com
832800

Agradecimientos

Mi más sincero agradecimiento para mi
Alma Mater, el Instituto Politécnico Nacional,
institución rectora de la enseñanza tecnológica
en nuestro país, a través del cual me he
formado y me ha permitido ser formador
también, de varias generaciones en las
asignaturas de Fundamentos de Programación
y de Métodos Numéricos.

Sea pues el principal reconocimiento sobre
la presente obra para el Instituto Politécnico
Nacional, forjador de profesionistas de alta
calidad y reconocimiento mundial, en todas las
ramas educativas, de acuerdo a sus planes y
programas de estudio, poniendo la Técnica al
Servicio de la Patria.

ÍNDICE

CAPÍTULO I. INTRODUCCIÓN A LA PROGRAMACIÓN

Generalidades sobre lo que es la Computación y la Programación de Computadoras. Indicar lo que es el Software y Hardware de las computadoras; la evolución de estas en función del avance de la Ciencia y la Tecnología; qué son los Sistemas Operativos y su importancia; el funcionamiento de las computadoras en base a los Sistemas Numéricos Posicionales y las Compuertas Lógicas.

GENERALIDADES Y CONCEPTOS:

¿QUÉ ES UNA COMPUTADORA? ELEMENTOS Y ORGANIZACIÓN.

Una Computadora la podríamos definir como una Máquina electrónica diseñada para almacenar grandes Volúmenes de Datos en reducidos espacios (medios electrónicos) y Procesarlos a muy altas velocidades.

Estos dos aspectos mencionados junto con el de cálculos velocísimos, son los más característicos de las tareas de una computadora. Pero quizás una pregunta que todos nos hacemos al principio es sobre el ¿cómo es que realiza todo esto? y para tratar de dar una descripción de ello necesitaríamos antes conocer un poco de su estructura y conocer algunos términos relacionados con esto.

ELEMENTOS Y ORGANIZACIÓN

Los Elementos o Componentes Principales de una Computadora son cinco (ver el esquema mostrado a continuación):

1. **Las Unidades de Entrada**. Medios a través de los cuales se transmiten los datos a la computadora: Unidades de Disco o Cinta Magnéticos, Lectoras de Tarjetas Perforadas (q.e.p.d.), Lectoras de Cinta de Papel, Lectores Ópticos, el Teclado, etc.

2. **La Memoria**. Donde se almacenan las Instrucciones y los Datos o Valores pertinentes al problema en cuestión. En las primeras computadoras las memorias estaban formadas por ferritas magnéticas que son unos pequeños anillitos metálicos por los que pasan tres alambres que magnetizan en un sentido o en otro al anillo e interpretan el código de cada caracter representado.

3. **La Unidad de Aritmética y Lógica**. Donde se realizan los cálculos requeridos por el programa en cuestión y detectan un valor negativo o cero. Todo cálculo realizado en la computadora lo ejecuta a través de las cinco operaciones básicas conocidas: Suma, Resta, Multiplicación, División y Exponenciación; aunque en realidad se reducen a dos: Sumas y Restas, con la diferencia de que las realiza a razón de miles de operaciones por segundo, en los equipos pequeños y hasta millones en los más grandes.

4. **La Unidad de Control**. Encargada de Controlar la secuencia de acontecimientos en el procesador, interpretando y ejecutando las Instrucciones recibidas de la Memoria. Es realmente el orquestador de todas las acciones que se suscitan en el computador: se encarga de almacenar los datos que serán evaluados, en la memoria disponible destinada al usuario de ahí la toma y procesa y, posiblemente los pase a la Unidad de Aritmética y Lógica para elaborar ciertos cálculos para de ahí nuevamente almacenarlos o enviarlos de salida.

5. **Las Unidades de Salida**. Medios a través de los cuales la Computadora nos envía información: Impresoras, Discos y Cintas Magnéticas, Monitores, Graficadores, ...

La unidad de Aritmética y Lógica, la Unidad de Control y la Memoria Principal de la Computadora reciben el nombre de Unidad Central de Proceso (U.C.P.). Por otra parte, a las Unidades de Entrada y Salida se les denomina Equipo Periférico.

SUS ORÍGENES, BREVE CRONOLOGÍA

Haciendo un poco de Historia y remontándonos a la 'adolescencia', encontraremos que la falta de papel originó que al principio el hombre hiciera la mayor parte de sus cálculos mentalmente, auxiliándose quizás con el uso de sus dedos. El entrenamiento del uso de los dedos fue tan importante que en las escuelas romanas se enseñaba esta práctica y se idearon varios "métodos avanzados" como la Multiplicación y la división.

Hasta el Siglo XIX los cálculos a desarrollar eran muy complicados debido a que tenían que realizarse "a mano", aunado a la escasez de material para la escritura que era muy costosa para utilizarse en las tareas ordinarias. Debido a esta necesidad y problema, se inventó precisamente en este siglo el Papel de Pulpa.

EL ÁBACO

Limitado el Hombre con el conteo con los dedos, motivo su Ingenio y lo condujo a vencer sus limitaciones usando cuentas u objetos similares para "contar".

El verbo Calcular se deriva del Latín "*Calculus*" que significa "piedrecilla". Los Calculistas antiguos realizaban sus cálculos utilizando un dispositivo que contenía cuentas colocadas en ranuras o ensartadas en una cuerda, conocidos como Abaco o tablas de contar. Las cuentas ensartadas en hilos formaban hileras con 10 cuentas cada una, que representaban los diez dedos. La hilera más alta, representaba la posición de las Unidades y cada una de las cuentas representaba el valor de uno; la hilera inmediata inferior, representaba la posición de las decenas y sus cuentas tenían un valor de diez, cada una, y así sucesivamente.

No se sabe con certeza el origen del ábaco, más se cree que fue en Egipto o Babilonia, siendo de uso común en las Civilizaciones Romana, Griega e Hindú.

AUXILIARES MANUALES EN LOS CÁLCULOS ESCRITOS

Posteriormente aparecieron diferentes Métodos Auxiliares para los Cálculos Numéricos como sucedió con los Árabes, Hindús y Europeos, quienes fueron los primeros en desarrollar Técnicas para desarrollar los cálculos Escritos.

Los Árabes originaron el "Método del Emparrillado" que los Hindúes utilizaron en la Multiplicación.

La Contabilidad por Partida Doble es otro de los Auxiliares en los cálculos escritos. Por datos Históricos se sabe que el nacimiento de esta fue en Italia en el Siglo XIV, en el año de 1340, un libro Genovés muestra una Cuenta de una Mercancía de Pimienta; estaba en débito con diferentes gastos y acreditado con recibos; el balance se transfería a una Cuenta de Pérdidas y Ganancias.

En los primeros años del siglo XV y los primeros del siglo XIX, se desarrollaron y extendieron los Métodos para Almacenar Registros, pero poco se hizo a fin de acelerar el proceso de registrar las transacciones, realizar los diferentes cálculos y producir los Reportes correspondientes.

DESARROLLO DE AUXILIARES MECÁNICOS PARA LOS CÁLCULOS ESCRITOS

Con la generalización del Sistema de Números Arábigos (basado en el uso de los diez dedos), se empezaron a desarrollar dispositivos de computación a un nivel mucho más alto que el del ábaco, siendo el primero de estos la Calculadora de Rueda Numérica.

Blas Pascal (Matemático y Filósofo del siglo XVII), fue el inventor la calculadora usando este sistema a la edad de 18 años, tratando de ayudar a su padre que era recaudador de impuestos en Rouen, Francia. Esta calculadora era capaz de registrar valores decimales por medio del giro de una a nueve etapas, de un Sistema de Ruedas Dentadas (engranes), con una palanca de llevar la cuenta para operar la siguiente rueda de dígito de nivel más alto, a medida que una determinada rueda excedía las unidades de las decenas en el registro. Esta es la Primer Verdadera Máquina de Calcular que se fabricó en el mundo.

Así surgieron las máquinas de "Cuatro Funciones" creada por el también Filósofo y Matemático **Gottfried Wilhelm Von Leibnitz**; las máquinas calculadoras accionadas por teclas de **Dorr Eugene Felt** en 1887 y, tres años más tarde la máquina de Tarjetas Perforadas, desarrollada por el **Dr. Herman Hollerith**, como una respuesta a las demandas de la Oficina de Censos de los Estados Unidos, la cual, por la complejidad y volumen de la información que tenían que procesar, caían en la ineptitud, por lo impráctico del proceso manual.

EL DESARROLLO DE AUXILIARES MECÁNICOS AUTOMÁTICOS PARA LOS CÁLCULOS

En forma paralela, en el año de 1812, nacía la **Computación Automática**, con **Charles P. Babbage**, matemático inglés que conocía a fondo los fundamentos de las Computadoras Digitales.

La mayor contribución fue el "**Motor Diferencial**", máquina para computar tablas matemáticas; se basa en el hecho de que la diferencia de nivel entre valores computados en una fórmula, permanecen idénticos y una vez logrados, los valores subsecuentes pueden producirse solo por medio de sumas.

EL MOTOR ANALÍTICO

Posteriormente Babbage concibió la idea de construir un Motor Analítico capaz de ejecutar cualquier calculo; la que sería la Primera Computadora Digital para Fines Generales. Murió Babbage sin lograr terminarlo, pero dejando miles de dibujos indicando detalles para su construcción; su hijo el **General H. P. Babbage**, recogió el Proyecto de su padre y completó con éxito, parte de la Unidad de Aritmética.

El **Motor Analítico** estaba diseñado para almacenar hasta 1000 registros de 50 caracteres cada uno, aceptando la entrada de tarjetas; invento original **del Francés Joseph Marie Jacquard** para controlar telares.

ORIGEN DE LA COMPUTADORA ANALÓGICA

La Primer **Computadora Analógica** utilizada de manera amplia y extensiva fue la **Regla de Cálculo** inventada a principios del año de 1600. Otra fue la inventada **por Lord Kelvin** en 1872, para **predecir la Altura de las Mareas** en los puertos ingleses y en la que, la acción de poleas y pesos actuaba de manera que simulaba el efecto de la luna, el sol y los vientos sobre las mareas. Esto combinado con fórmulas complejas almacenadas dentro de la máquina, producía gráficas que indicaban el Grado de cambio de las mareas, y aun cuando esta máquina en particular tenía muchas imperfecciones, se consideró un avance muy importante en el desarrollo de las computadoras analógicas presentes.

LAS GENERACIONES

PRIMERA GENERACIÓN

Cien años transcurrieron antes de que cualquier otra Máquina similar a la idea de Babbage pudiera desarrollarse. En 1944 entra en servicio la **primera computadora Automática**, la **MARK-I** concebida por el **profesor Howard G. Eiken**, físico de la Universidad de **Harvard** quien trabajó en asociación con la IBM.

Sus elementos de cálculo consistían en contadores mecánicos accionados a través de embragues electromagnéticos controlados por medio de circuitos relevadores electromecánicos.

A la Mark-I se le conoció como el "**Cerebro Mecánico**": suma, resta, multiplica, divide y compara cantidades; asimismo tiene la habilidad para hacer referencia a cualquiera de las tablas almacenadas en ella para la solución de problemas para físicos, ingenieros y matemáticos; fue la primera Máquina capaz de ejecutar series de funciones aritméticas y Lógicas.

La **ENIAC** (Electronic Numerical Integrator and Calculator; Integrador y Calculador Numérico y Electrónico), desarrollado por el **Dr. John W. Mauchly y Prosper Eckert** en 1945, viene a ser la primer computadora totalmente electrónica, a la que la prensa llamó el "**Cerebro Electrónico**". Ocupaba todo el sótano de la Moore **School** de Ingeniería Electrónica de la **Universidad de Pennsylvania** (más de 150 m²) con un peso de 30 toneladas y contenía más de **18,000 bulbos**.

El **Dr. J. Von Neumann** desarrollo una computadora electrónica automática de Variable Discreta **(EDVAC)**, más pequeña pero más potente que sus predecesoras. Las cantidades numéricas se representaban en potencias de 2, conocido como Sistema Numérico Binario; esta fue, la **primer Máquina Electrónica de Proceso de Datos comercial** en el mundo.

Desde entonces se desarrollaron muchas máquinas: la **EDSVAC**, Computadora Automática de Almacenamiento Retardado, de Inglaterra; la **ACE**, Motor Computador Automático, y, la **UNIVAC**, Computadora Automática Universal, en 1951, la que se usó en forma continua durante 12 años las 24 horas del día para los censos de los EE. UU.

En general las Computadoras de la 1er Generación eran de un tamaño enorme, bastante inflexibles y requerían un estricto control sobre las necesidades de aire acondicionado. Sin embargo, tenían muchas ventajas sobre las máquinas electromecánicas y sobre todo, un aumento muy sustancial en la velocidad de operación.

Permitieron la Programación de tipo interno, característica que hizo posible las comparaciones y la aplicación de Decisiones Lógicas durante el Cálculo de los Datos, por lo que desde entonces se le conoce como la "Máquina que Piensa".

Se caracterizan además del uso de Bulbos conectados entre sí por numerosos cables conectados a mano y por sus Velocidades de Proceso que eran de milisegundos. Se ubica en el periodo desde 1945 a 1955.

SEGUNDA GENERACIÓN

En esta etapa, **el Transistor reemplazó al Bulbo**, con lo que se redujo el tamaño físico de la computadora sin disminuir su efectividad y Aumento su Velocidad de Proceso a **Microsegundos**. Las Memorias de los Procesadores de esta Generación fueron construidos de Ferritas lo que implicaba una mayor seguridad y un ahorro sustancial de espacio.

Las nuevas innovaciones permitieron aumentar la potencia de las Unidades de Entrada y Salida y simplificar los Códigos de Programación, con el propósito de volverla más accesible. Es entonces cuando surge la Ciencia de la Computación.

Dentro de esta generación podemos citar a las 1401 y las serie 7000 de IBM, y, la Gamma 30 de BULL.

Los requerimientos de aire acondicionado fueron menos estrictos y las mejoras en el equipo secundario (impresoras y lectoras) de alta velocidad, hicieron posible el Proceso en Línea. Esta generación se considera activa desde 1955 hasta 1965.

TERCERA GENERACIÓN

La tercera Generación hizo su aparición a mediados de los años 60's, prolongándose hasta 1980, en la era de la Miniaturización, cuyo elemento básico incluye un Sistema Impreso de Diodos, Transistores y Resistencias, del tamaño de la uña del dedo meñique, conocido como **Circuitos Integrados**. Este progreso permitió ahorrar más espacio aún en la UCP y por lo tanto más tiempo (cuanto más pequeño es el circuito, tanta más electricidad puede 'trabajar' muy rápidamente).

Trae consigo un mayor refinamiento de la Programación y equipo periférico. Su Velocidad de Proceso se mide en **Nanosegundos** (billonésimas de segundo o mil millonésimas de segundo).

Cuenta con mecanismos de acoplamiento electrónico, permitiendo el uso de terminales remotas.

CUARTA GENERACIÓN

Con el avance de la Ciencia y la Tecnología ahora es posible integrar miles de componentes electrónicos en una pequeña pastilla de silicio denominada **Chip**, a través de la **tecnología denominada "LSI"** que significa **Integración a Gran Escala**, de forma tal que podemos introducir hasta 10,000 transistores en un solo chip o miles de millones de circuitos en un espacio de un pie cúbico.

De tal forma que las integraciones hechas a través de la **LSI**, determinan a las computadoras de la Cuarta Generación, aumentando la Velocidad de Proceso de las operaciones de la computadora a **Picosegundos**, esto es, una trillonésima de segundo (1/1,000,000,000,000).

En la escala temporal, la ubican en el periodo del año 1980 a 1990.

LA QUINTA GENERACIÓN

La **Quinta Generación**, asimismo, está Determinada por la Tecnología, en primer término, y sus aplicaciones o enfoques dentro del Área de la **Inteligencia Artificial.**

Habíamos dicho que la Tecnología **LSI** determinaba a la cuarta Generación y, en forma similar, **la Tecnología VLSI, determina la Quinta Generación,** en lo que respecta al Hardware, con la que se tiene la posibilidad de Integrar hasta **100,000 transistores en un solo chip;** con lo que vemos que los múltiples Tableros que en la actualidad integran una Computadora Grande, serán reemplazados por una sola Super-Pastilla a través de la tecnología de la "VLSI" o Integración a muy Grande Escala. Por otro lado, a principio de los 80's los Japoneses informaron su proyecto de desarrollar las Computadoras de la **Quinta Generación,** cuya principal característica sería su "**Inteligencia**", implicando por ésta, la Solución de Problemas, los Procesos de comunicación con la computadora en Lenguaje Natural, la Percepción y Reconocimiento de Patrones, el Desarrollo de Sistemas Expertos y la Programación Automática, entre otros, esperándose obtener con ello un mayor aprovechamiento de los Recursos, una Mayor Productividad y lograr un mayor Apoyo en la Educación, como algunos de los más importantes logros.

Además, el funcionamiento de la computadora se simplifica aún más, utilizando dispositivos de Entrada más Directos que el Teclado como es el Reconocimiento de la Voz Humana (comunicación en lenguaje natural).

Se estima la vigencia de esta generación en el periodo del año 1990 al año 2000.

LA SEXTA GENERACIÓN

Las computadoras de esta generación cuentan con arquitecturas combinadas Paralelo-Vectorial, con cientos de microprocesadores vectoriales trabajando al mismo tiempo; se han creado computadoras capaces de **realizar más de un millón de millones de operaciones aritméticas de punto flotante por segundo** (**teraflops**); Dentro de esta generación, se desarrollan y seguirán creciendo desorbitadamente las redes de área mundial (Wide Area Network, WAN), utilizando medios de comunicación a través de fibras ópticas y satélites, con anchos de banda impresionantes. Las tecnologías de esta generación ya han sido desarrolladas o están en ese proceso. Algunas de ellas son: Inteligencia

Artificial Distribuida; Teoría del Caos, Sistemas Difusos, Holografía, Transistores Ópticos, etcétera.

Los componentes de los microprocesadores de las computadoras de esta generación utilizan **tecnología de Ultra Integración**, denominada **ULSI** (Ultra Large Scale Integration).

Cada Generación de Computadoras, representa un paso en la marcha hacia el empleo de Sistemas Computarizados verdaderamente orientados hacia el usuario.

Algunos analistas estiman que la escala de tiempo de esta generación inició en 2000 y prevalece hasta la actualidad, lo que indica (en un caso dado) que **la Séptima Generación** ha tardado mucho tiempo en aparecer —o de reconocerse como tal- ya que la sexta generación ha permanecido *estática* por un largo tiempo (¡?).

LA SÉPTIMA GENERACIÓN

Sin embargo, la **Teoría de Juegos** y la **Informática Predictiva**, que analizan el crecimiento de varios Sistemas y predicen cómo se desarrollarán a lo largo del tiempo, podrían considerarse de **Séptima Generación**, en los que la **Inteligencia Artificial o 'Sintética'**, es fundamental, como lo es para el diseño y desarrollo de Sistemas Computacionales de Comunicación Humano- Computadora, en los que ésta pueda discernir cómo Interconectarse e Interactuar con el Ser humano, activando los cien trillones de *'Interruptores Sinápticos'* del cerebro humano. Ya desde el 2014 la **Royal Society de Londres**, corroboró el gran avance o desarrollo que ha manifestado la Inteligencia Artificial o *'Sintética'*, aplicando la prueba de **Alan Turing**, para valorar la capacidad de una *'máquina'* para comportarse de forma indistinguible a la de un Ser Humano. En la actualidad se han desarrollado tecnologías que permiten a las *máquinas* Resolver Problemas y Auto regularse; no es de extrañar, entonces, que una *máquina* pueda ya, crear Arte Algorítmico – pintar, por ejemplo- y componer Música.

El precedente principal de las computadoras de esta generación, lo presenta el **Laboratorio de Inteligencia Artificial Cuántica de Google**, que utiliza la computadora **D-Wave –primera computadora cuántica-** para potenciar el Aprendizaje Automático; utiliza los Estados Cuánticos de las Partículas Subatómicas para el almacenamiento y procesamiento de los datos en lugar de utilizar el sistema binario (uso de cúbits en lugar de bits, lo que da lugar a habilitar nuevas compuertas Lógicas que hacen posibles nuevos algoritmos), lo que genera un aumento exponencial en la velocidad, potencialidad y flexibilidad en el proceso de los Datos. ¿Acaso todo esto no es indicativo de estar plenamente en la *Séptima Generación*?

CLASIFICACIÓN DE LAS COMPUTADORAS. ANALÓGICAS Y DIGITALES.

La primera de las Clasificaciones que se hacen de las computadoras es en base a su funcionamiento, a la forma como operan para el proceso de las soluciones.

De aquí se determinan las clasificaciones en **Digitales, Analógicas o Híbridas** (incluyendo lo ya comentado en el apartado anterior de las supercomputadoras Cuánticas). Para facilitar la comprensión de esta clasificación veamos el siguiente ejemplo:

Supongamos que tenemos un juguete constituido por una serie de cubos de igual dimensión, 5cm de lado; vienen en una caja de 60cm de largo, 30 de ancho y 15 de alto. Si se deseara conocer el número de cubos que vienen en la caja, un niño, por ejemplo, usaría el conteo con los dedos, sumando uno a uno hasta descubrir que hay 216 cubos, uso el Método Digital. Si su padre, un profesionista, lo hiciera, lo más lógico es que empleará el Método Analógico, que es mucho más rápido: habría tomado las medidas de la caja y la de un solo cubo y hacer unas cuantas operaciones 3 x 6 x 12 = 216. El padre empleó una analogía diciéndose: si cada cubo mide 5cm, en la altura de la caja (15cm), caben tres cubos; en su ancho (30cm), caben 6; y en su largo (60cm), caben 12 cubos. En este ejemplo se ha utilizado las Dimensiones cúbicas como una Cantidad Física que varía analógicamente en el número de cubos. Se podría haber usado el Método del Pesado, obteniéndose el mismo resultado igual de rápido.

La diferencia esencial entre la **Computación Digital** y la **Analógica**, está en que en la primera **se hace un Conteo de Objetos Discretos (números),** y en la segunda, se emplea **la Medición de Datos Continuos.** Por lo cual podemos distinguir el Ábaco y las Máquinas Sumadoras y Calculadoras, como Dispositivos Contadores o Digitales; por el otro lado, el Planímetro, el Velocímetro o dispositivos que se basen en una unidad de medida determinada (que se basan en comparaciones, proporciones), son dispositivos de Medición o Analógicos. Por lo tanto, en la Computación Digital que consiste en el Conteo de objetos Discretos, todas las operaciones matemáticas deben simplificarse al Conteo o a la Adición. Así, la substracción se obtiene sumando el complemento del número; la Multiplicación, por la adición repetida; las potencias, Raíces, Integraciones y la diferenciación, se llevan a cabo a través de la adición.

SUPER COMPUTADORAS, MAIN FRAMES, MINIS Y MICROCOMPUTADORAS.

Otra de las clasificaciones notables que se tienen actualmente, es la presente que estamos desarrollando. Anteriormente un criterio de clasificación era su Tamaño, pero no Físico, sino de la cantidad de Memoria Principal disponible y su Precio. Con el desarrollo de Ciencia y de la Tecnología, que hizo posible la aparición de las Microcomputadoras, estas fronteras se hicieron indelebles, ya que, si comparamos una computadora 'Grande' de años atrás con una Micro actual, vemos que aquella tenía una memoria principal limitada a no más de 128 Kb y las Micros pueden 'crecer' hasta 1 Mb o más según el modelo. Este criterio puede prevalecer, aunque para fines de estudio solamente, por los traslapes que se dan en las diferentes categorías. Siendo así, mencionaremos algunas características de los equipos y mencionaremos sus diferencias en Tamaño y Precio.

Las **Súper Computadoras**.- Son las Computadoras más Grandes, Rápidas y Caras que se han desarrollado, como la CYBER 205 y la CRAY-1, de las cuales solo se producen un limitado número de ellas ya que muy pocas Organizaciones requieren tales Capacidades de Proceso y pueden pagarlas. ¡Realizan **100 millones de Cálculos por segundo**!; el Tiempo que tarda en ejecutar una operación básica, es de 12.5 nanosegundos y la Totalidad del área de Almacenamiento Primario está formado por los componentes utilizados para la Memoria Caché. El tamaño de la Palabra que manejan es de 64 bits y su costo es desde 8 millones de dólares. Su Producción se inicia en la década de los 70's.

Las **Macrocomputadoras**.- Desde la década de los 60's hasta la aparición de las Micros y Minicomputadoras, todo proceso estaba centrado en las Macro-computadoras, las que se utilizaban en diversas organizaciones, que las adquirían en renta ya que sus precios eran muy elevados: desde los 500 mil dólares, la IBM370/148; 2 millones, la NCR 8600; hasta 4 millones la 370/168. El tiempo que tardan en ejecutar una operación básica, varía desde los 480 ns (370/115), 180-270 ns (370/148), 80 ns (370/168), 57ns (370/3033) y de 26 **nanosegundos** en el modelo 3081 que puede ejecutar hasta 10 millones de instrucciones por segundo. Tienen Algunas secciones de Memoria Caché, y con un tamaño de Palabra de 32 Bits (4 Bytes).

Las **Minicomputadoras**.- En términos de Costos, Capacidad de Proceso y atención de Usuarios, las Minis sobrepasan a las Micros: su precio oscila entre los 2,500 y los 75,000 dólares; Pueden soportar una gran variedad de dispositivos periféricos de alta velocidad, con Procesadores Centrales de 16 y/o 32 Bits, y, pueden soportar hasta 128 usuarios en terminales trabajando simultáneamente. Se utilizan mucho en los Sistemas de Procesamiento Distribuido de Datos, como Satélites o Procesadores Nodo. Tienen un Buffer de Almacenamiento Caché que les permite aumentar su velocidad de proceso. Su desarrollo se inicia en la década de los 70's.

Las **Microcomputadoras**.- Una Microcomputadora tiene todos los Elementos Funcionales que tienen los sistemas más grandes sean minis, macros o súper, y esto ha sido posible debido a los adelantos tecnológicos en los procesos de miniaturización (LSI-VLSI-ULSI). Fueron desarrolladas inicialmente, en el '76, pensando en procesos monousuarios, pero actualmente pueden soportar hasta 64 usuarios dependiendo del modelo de computadora. Sus precios oscilan entre los 500 dólares (con una configuración b sica en modelos XT o PC); hasta los 10,000 dólares. Hay Sistemas de 8 Bits (tamaño de la Palabra) como en el caso de la pionera APPLE II, Commodore, Atari, MicroSep etc. que utilizan un Microprocesador 6502; 16 Bits, como en el caso de los Sistemas que utilizan Microprocesadores 8086 u 8088, como los modelos XT y PC de la lider IBM-PC, NCR, M24 de Olivetti, Printaform, BPM, etc.; o de 32 Bits, como en el caso de los Sistemas que utilizan Microprocesadores 80286 u 80386 que utilizan los modelos "AT's", las que, a propósito, son las únicas que pueden soportar ambientes multiusuario, con Sistema Operativo Unix.

SIGNIFICADO DE LOS TÉRMINOS MÁS USUALES.

LA COMPUTACIÓN, LA INFORMÁTICA Y LA CIBERNÉTICA.

Es importante distinguir entre los diferentes términos utilizados en el argot de la Computación para evitar caer en la desculturización Informática.

Con la aparición de las computadoras se originó el término '**Computación**' como sinónimo o abreviación de '**Proceso Electrónico de Datos**', implicando con ello todas las actividades relacionadas con las nacientes computadoras: la Organización del Trabajo y su Proceso por la Computadora (Métodos y Medios), implicando un buen número de cálculos, así como la alimentación de Datos, Programación, etc. Sin embargo, su alcance era en cierta forma limitado por el enfoque que se le daba: Procesar Datos de tipo básicamente administrativos; restricción misma que se tenía por el hecho de que se trataba de una naciente Ciencia.

Con los nuevos desarrollos y al volverse más complejos los procesos Estructural y Funcionalmente, se hizo necesario Planear su Desarrollo en Forma Integral para evitar la Desarticulación y merma de la Eficiencia de estos; nace así la **'Informática'**, que es una palabra compuesta que viene de **INFOR**mación y auto**MÁTICA.**

La Informática (término acuñado en Francia en 1965), es pues, la Tecnología o conjunto de Ciencias, Técnicas y Métodos aplicados, requeridos para la obtención de Información Sistematizada y Automatizada, mediante el Procesamiento Electrónico de Datos, para la Toma de Decisiones. Otro término que se utiliza indiscriminadamente junto a los de Computación o Informática, es el de *'Cibernética'*. La Cibernética, que se sustenta principalmente en los avances de la Microelectrónica en combinación con el Desarrollo de la Informática, está enfocado hacia el estudio y creación de Sistemas de Control y de Regulación, tanto Biológicos como Artificiales (donde caen los computacionales); es la Ciencia que estudia las Leyes Generales de la Transformación de la Información y de los Sistemas de Control.

EL BIT, BYTE, HIT, NIBBLE Y PALABRA.

Podríamos decir que hay un cierto encadenamiento o derivación entre estos términos, que a final de cuentas se relacionan al manejo de los datos dentro del Procesador, y a manera de ejemplificación haremos el siguiente encadenamiento:

```
BIT ————> BYTE ————> {HIT / NIBBLE} ————> PALABRA
ARCHIVO <——— REGISTRO <——— CAMPO <———┘
      └————————————> BASE DE DATOS ——> SISTEMAS EXPERTOS
```

Un **BIT**, es la representación de un posible estado o valor a través de los Dígitos '0 y 1', que nos indicaran la presencia o ausencia de valor o bien, el estado energizado o des energizado. Es una palabra híbrida compuesta de dos: **BI**nary y digi**TS**. Es la **mínima porción de memoria que podemos analizar** (en cuanto a su estado: **0** ó **1**).

Los términos **HIT** y **NIBBLE** equivalen ya que ambos se refieren al Conjunto de **4 BITS**, con los que se pueden representar cifras numéricas decimales en Código BCD (Binary Coded Decimal), v.g. El número 33 = 0011 0011.

Se da el nombre de **BYTE**, al conjunto de 8 BITS, los cuales nos permiten representar en la computadora, cualquier tipo de caracteres ya sean Numéricos, Alfabéticos o Especiales. En máquinas de 8 bits, es la mínima porción de **Memoria Direccionable Individualmente** y, al mismo tiempo, es la **mínima porción de Información accesible**.

Una **PALABRA**, es una **Unidad Elemental de Memoria** compuesta de más de un BYTE, o, es también, una Instrucción Simple en Lenguaje Máquina que el Procesador puede manejar en una sola operación.

El término **CAMPO**, es el nombre que se asigna en el área de Sistemas al conjunto de caracteres que nos dan un Dato Determinado respecto a una Entidad que puede servir de identificador o Calificador. Puede ser de Tipo Numérico, Alfabético o Alfanumérico dependiendo del tipo de datos que se estén manejando, v.g.: el Número de Boleta del alumno, su Nombre y su Dirección.

REGISTRO, es un término que se emplea tanto en aspecto del Hardware como en el área de Sistemas; en el primer caso, es un Circuito Electrónico que puede almacenar 8, 16 o 32 bits, que tienen diversas funciones como Decodificar Instrucciones e indicar el Estado de ciertos elementos en el Procesador. Por otro lado, en el área de Sistemas, es un Conjunto de CAMPOS, que nos dan diferentes datos respecto a una Entidad en Particular. Se tienen Registros Lógicos y Físicos. Un Registro Lógico, son los que manejamos como base de un archivo de datos a través de instrucciones de Lectura y Escritura de un Lenguaje de Programación; por otro lado, los Registros Físicos son un conjunto de Registros Lógicos que maneja el Sistema Operativo para acceso a la Información en los diferentes Dispositivos de Almacenamiento Masivo (Cintas y Discos Magnéticos).

También del área de Sistemas es el concepto de **ARCHIVO**. Podríamos definir un Archivo como un conjunto de Registros homogéneos en su Estructura y Contenido que contienen los datos suficientes y necesarios para la obtención de la Información requerida para la Toma de Decisiones o Ejecución de Acciones en un cierto ámbito.

Una **BASE de DATOS**, es un conjunto de Archivos Lógicos Integrados en una sola Estructura de Datos con técnicas de almacenamiento y recuperación mucho más eficiente que las de los archivos simples. Se tienen tres Estructuras Básicas de Bases de Datos: Jerárquica, Relacional y de Red; la Primera es la de más uso en los Sistemas Grandes a diferencia de la Relacional que es la más utilizada para las Microcomputadoras. Finalmente, un **SISTEMA EXPERTO**, es de hecho una Base de Datos también, pero con la particularidad, de que su Contenido son Conocimientos sobre un aspecto concreto, que se almacenan junto con un Conjunto de Reglas de 'acceso' a la Información las que son Programadas a través de dos Lenguajes de Proceso Simbólico Principalmente: Lisp y Prolog, aunque también podrían programarse a través de los Lenguajes de Alto Nivel que ya Conocemos (Basic, Pascal, Fortran, Cobol, Java, C, etc.).

LOS SISTEMAS DE INFORMACIÓN.

Al inicio de este inciso comentábamos respecto a la utilización o aplicación inicial que se dio a las computadoras en tareas de proceso de datos administrativos, de tal forma que la 'Revolución de las Computadoras' de los años 50's, no había provocado cambios significativos en las Estructuras Político, Económicas y Sociales. Sin embargo y debido a su versatilidad, la aplicación de las Computadoras se diversificó a un sin fin de áreas de Actividad Humana: En la Producción Industrial, en la Medicina, en la Educación, en la Investigación Científica, etc. provocando, entonces sí, Transformaciones Sociales: alterando su Estructura y modificando sus Valores y Costumbres.

Complementando este panorama, no pudiendo abstraerse de los cambios, la Gerencia con su gran Dependencia de la Información para la Toma de Decisiones, requería tener formas de Seleccionar esta Información para obtener solo la relevante y necesaria que le ayudara a fijar objetivos, valorar alternativas, anticiparse a posibles problemas y medir los resultados obtenidos comparándolo con los Planes fijados. De tal forma que la Gerencia se compenetró en el desarrollo de Sistemas de Información basados en el uso de las computadoras.

De tal forma que podríamos decir que un Sistema de Información es la Integración de los Recursos Humanos, Materiales y Tecnológicos para la obtención de la Información requerida por la Gerencia o una Organización, para la Toma de Decisiones.

LA COMUNICACIÓN CON LA COMPUTADORA:

La Comunicación entre los humanos es a través de símbolos: Letras, Números (sistema decimal principalmente) y Caracteres especiales; para comunicarnos con la Computadora, debemos hacerlo a través de cifrar todos los Datos e Instrucciones que deseamos que procese; la Computadora no puede (aún) entender nuestro Lenguaje Natural, el de ella es a través de una representación numérica. A todo caracter le corresponde un código numérico estandarizado expresado en decimal o en algún otro sistema numérico equivalente, por esto debemos conocer, y aún más, estudiar estas formas de representación que requiere la computadora.

Existen tres Códigos Estándares que utilizan todas las Computadoras para hacer esta representación: el "BCD" (decimal codificado en binario), el "EBCDIC" (código para intercambio amplificado del BCD), y el "ASCII" (Código estandarizado americano para el intercambio de información); el primero de ellos, utiliza 6 bits para representar cualquier caracter, el segundo y tercero, utilizan 8 bits (lo que le permitirá tener un mayor rango de caracteres a representar); en el primero de los casos, se utiliza uno más que se denomina Bit de Paridad, que en los otros, es el último bit de los ocho del byte, el cual sirve para verificar la validez de la Información codificada: vg. el número 33 decimal representado en BCD quedaría: 0011 0011; en EBCDIC o ASCII, quedaría: 00100001, tomando en consideración el valor de cada dígito según su posición, lo que quedará más claro con el tema que veremos a continuación.

LOS SISTEMAS NUMÉRICOS.

Son un Conjunto Ordenado de Símbolos denominados Dígitos con relaciones bien definidas, para su aplicación en operaciones aritméticas.

Son Posicionales porque el Valor de un Dígito, depende de la posición que ocupa con respecto al punto fraccional; en las Operaciones Aritméticas, la posición de los Dígitos es básica por la forma en que se combinan al contar.

La Base de un Sistema, es el número de caracteres disponibles (coeficientes) en el Sistema; vg. en el decimal tenemos 10 dígitos o coeficientes, por lo que su base es 10; en el Binario, solo tenemos dos por lo que su base es 2, etc.

En las operaciones aritméticas hay que observar las siguientes reglas:

Cuando en una columna se tiene el Coeficiente de mayor valor acumulado y recibe otra unidad a la cuenta, el coeficiente se vuelve cero y acarrea un uno a la columna inmediata de la izquierda.

La columna en el extremo derecho cuenta unidades y cada conteo en la segunda columna, es igual a la Base del Sistema.

Para convertir una cantidad numérica expresado en cualquier sistema, al sistema decimal, se multiplican los coeficientes (uno a uno) por la Base del sistema que se trate, elevado a la potencia de la Posición que tiene menos uno y sumándolos:

En donde:

$$V_d = \sum_{P=1}^{n} (C_p * B^{\,P-1})$$

'**Vd**' = Valor Decimal equivalente;   '**C**' = Valor del Coeficiente en turno;
'**B**' = Valor de la Base del sistema; '**P**' = Índice y Exponente
'**n**' = Número de Coeficientes

SISTEMA DECIMAL

En este sistema, cada número representa potencias sucesivas de 10, esto es, que el Dígito menos significativo (extrema derecha) indica el número de veces que se está tomando 10 a la potencia 0; el siguiente, representa el número de veces que se está tomando el 10 a la primera potencia; y así sucesivamente, vg.: el número 3456 se puede expresar como:

$6 \times 10^0 + 5 \times 10^1 + 4 \times 10^2 + 3 \times 10^3$

lo que resulta sumando: $6 + 50 + 400 + 3000 = 3456$

SISTEMA BINARIO

El Sistema Binario tiene una base 2, formada por los dígitos 0 y 1. No es casual que sea este sistema el que se adoptó para hacer las representaciones requeridas en las computadoras, ya que esto se debe principalmente a que la mayoría de los componentes de una computadora, son biestables, esto es, están energizados o no lo están, el circuito está abierto o está cerrado, etc. De tal forma que el Dígito 0, representa la ausencia de valor alguno y el Dígito1, su presencia. Como es un Sistema Posicional, los valores que adquieren los dígitos 'uno', según su posición, es:

256	128	64	32	16	8	4	2	1

Estos valores se sumarán si el dígito de la posición en cuestión es un 1, si es 0, no se contabiliza el valor: v.g. en el número binario 1111, se sumarán $8 + 4 + 2 + 1 = 15$, que son los valores que adquieren por su posición; en el número: 1010, sería $8 + 2 = 10$, etc.

Ahora bien, además de que podemos representar cualquier caracter en forma binaria, también podemos realizar operaciones aritméticas, las que, como ya mencionamos en una sección anterior, se reducen a la adición.

La adición binaria tiene 4 reglas:

$$0 + 0 = 0; \quad 0 + 1 = 1; \quad 1 + 0 = 1; \quad 1 + 1 = 10$$

v.g.:

```
    1 1 1 1              1   1 1
  1 1 1 1 1  = 31      1 1 0 1 1  = 27
+   0 1 1 0  = 6     +   1 0 0 1 1  = 19
1 0 0 1 0 1  = 37      1 0 1 1 1 0  = 46
```

Ahora bien, la conversión de un Sistema a otro se realiza de la siguiente forma:

a). Para pasar una cantidad numérica de cualquier Sistema, al Decimal, se usará la fórmula que vimos en una sección atrás:

$$V_d = \sum_{P=1}^{n} (C_p * B^{\,p-1})$$

b). Para pasar del Decimal a otro Sistema, se realizarán divisiones sucesivas, tomando a la Base como el Divisor y, a la cantidad a convertir (decimal), como el Dividendo; el número buscado se irá formando con los *Residuos*, los cuales formarán el número, empezando desde el Dígito Menos Significativo, hasta el más Significativo. El último Cociente, será el Dígito Más Significativo:

vg. Convertir la cantidad Decimal 3456 a Binario.

$$
\begin{array}{ccccc}
1728 & 864 & 432 & 216 & 108 \\
2\,\overline{\smash{)}3456} & 2\,\overline{\smash{)}1728} & 2\,\overline{\smash{)}864} & 2\,\overline{\smash{)}432} & 2\,\overline{\smash{)}216} \\
14 & 12 & 06 & 03 & 01 \\
05 & 08 & 04 & 12 & 16 \\
16 & 0=\underline{2do} & 0=\underline{3ro} & 0=\underline{4to} & 0=\underline{5to} \\
0=\underline{dms} & & & &
\end{array}
$$

$$
\begin{array}{cccccc}
54 & 27 & 13 & 6 & 3 & 1\ 12vo=DMS \\
2\,\overline{\smash{)}108} & 2\,\overline{\smash{)}54} & 2\,\overline{\smash{)}27} & 2\,\overline{\smash{)}13} & 2\,\overline{\smash{)}6} & 2\,\overline{\smash{)}3} \\
08 & 14 & 07 & 1=\underline{9no} & 0=\underline{10mo} & 1=\underline{11vo} \\
0=\underline{6to} & 0=\underline{7mo} & 1=\underline{8vo} & & &
\end{array}
$$

$$3456_{(d)} = 110110000000_{(b)}$$

SISTEMA OCTAL.

El Sistema Octal es también un Sistema Posicional y tiene una Base de 8 Dígitos, del 0 al 7.

La conversión de Decimal a Octal se obtendrá en forma similar a la forma como lo hicimos para pasar de Decimal a Binario, esto es, haciendo Divisiones sucesivas entre el Divisor '8'. El retorno de Octal a Decimal se obtendrá con la Fórmula explicada en el inciso 'a' de la sección anterior.

La Conversión de Binario a Octal, se realiza dividiendo de derecha a izquierda la cantidad Binaria en grupos de tres Dígitos. El Valor que le corresponda a cada dígito 'uno' de cada grupo (de derecha a izquierda, según su posición), se suman entre sí y, el resultado es el Dígito Octal correspondiente: v.g. Representar en octal la cantidad Binaria 110110000000 (3456 decimal):

valor:	4 2 1	4 2 1	4 2 1	4 2 1
grupos:	1 1 0	1 1 0	0 0 0	0 0 0
suma:	6	6	0	0

$$110110000000_{(b)} = 6600_{(o)}$$

La comprobación la podríamos realizar convirtiendo el número Octal a Decimal:

$$6 \quad 6 \quad 0 \quad 0$$

$$= 0 \times 8^0 = 0$$

$$= 0 \times 8^1 = 0$$

$$= 6 \times 8^2 = 6 \times 64 = 384$$

$$= 6 \times 8^3 = 6 \times 512 = \underline{3072}$$

$$3456$$

$$110110000000_{(b)} = 6600_{(o)} = 3456_{(d)}$$

SISTEMA HEXADECIMAL.

En forma similar, el Sistema Hexadecimal es posicional y su Base es de 16 Dígitos, o más bien debiéramos decir 16 valores, ya que como solo manejamos los Dígitos del 0 al 9, nos faltarían 6 más para complementar la Base de 16. Este problema se solucionó utilizando Literales, de la 'A' a la 'F', las que toman valores del 10 al 15, respectivamente.

A la pregunta de ¿por qué tantos Sistemas si supuestamente las computadoras procesan los datos en forma Binaria?, contestaremos exponiendo que si para representar en binario el número 3456 decimal, se requirieron 12 dígitos, imagínense que cantidad de Dígitos se requerirán para representar cantidades muy grandes o pequeñas y posteriormente realizar operaciones aritméticas con ellas. De tal forma que sí hay computadoras que procesan la información utilizando un Sistema Octal o bien Hexadecimal es, sobre todo, para el manejo de las Direcciones de Memoria Principal; se utiliza el Sistema Hexadecimal para dar la ubicación de las *celdillas*.

Las Conversiones funcionan de la misma forma que en los otros Sistemas: Para pasar de Hexadecimal a decimal, se multiplica cada 'Coeficiente' por la Base elevada a la potencia de su posición menos uno; para pasar de Decimal a Hexadecimal, se realizan Divisiones sucesivas entre la Base, formando el número Hexadecimal con los Residuos.

Las conversiones intermedias, esto es, del Binario al Hexadecimal, por ejemplo, se realiza en forma muy parecida a la conversión hecha de binario a octal, nada más que en lugar de hacer grupos de dígitos binarios de tres en tres, en este caso es de cuatro en cuatro, vg: convertir el numero 110110000000(b) a Hexadecimal:

valor:	8 4 2 1	8 4 2 1	8 4 2 1
grupo:	1 1 0 1	1 0 0 0	0 0 0 0
suma:	13= D	8	0

110110000000 $_{(b)}$ = **D80** $_{(h)}$

comprobación:

D   8   0

$= 0 \times 16 = 0$

$= 8 \times 16 = 8 \times 16 \qquad = 128$

$= 13 \times 16 = 13 \times 256 \qquad = \underline{3328}$

3456

Ahora bien, para realizar Sumas Hexadecimales, se tiene una tabla con la que nos podemos auxiliar para hacer las operaciones rápidamente, veamos:

TABLA PARA LA SUMA HEXADECIMAL

	0	1	2	3	4	5	6	7	8	9	A	B	C	D	E	F
0	0	1	2	3	4	5	6	7	8	9	A	B	C	D	E	F
1	1	2	3	4	5	6	7	8	9	A	B	C	D	E	F	10
2	2	3	4	5	6	7	8	9	A	B	C	D	E	F	10	11
3	3	4	5	6	7	8	9	A	B	C	D	E	F	10	11	12
4	4	5	6	7	8	9	A	B	C	D	E	F	10	11	12	13
5	5	6	7	8	9	A	B	C	D	E	F	10	11	12	13	14
6	6	7	8	9	A	B	C	D	E	F	10	11	12	13	14	15
7	7	8	9	A	B	C	D	E	F	10	11	12	13	14	15	16
8	8	9	A	B	C	D	E	F	10	11	12	13	14	15	16	17
9	9	A	B	C	D	E	F	10	11	12	13	14	15	16	17	18
A	A	B	C	D	E	F	10	11	12	13	14	15	16	17	18	19
B	B	C	D	E	F	10	11	12	13	14	15	16	17	18	19	1A
C	C	D	E	F	10	11	12	13	14	15	16	17	18	19	1A	1B
D	D	E	F	10	11	12	13	14	15	16	17	18	19	1A	1B	1C
E	E	F	10	11	12	13	14	15	16	17	18	19	1A	1B	1C	1D
F	F	10	11	12	13	14	15	16	17	18	19	1A	1B	1C	1D	1E

Ejemplo:

```
  A = 10        3 C         1 2 3
+ B = 11      + A 1       + A B C
=== ===        ===        ====
  15   21       D D        B D F
```

De forma similar se podrían crear tablas auxiliares para sumar, para cualquier Sistema Numérico, por ejemplo: para el Sistema Vigesimal su tabla quedaría:

	0	1	2	3	4	5	6	7	8	9	A	B	C	D	E	F	G	H	I	J
0	0	1	2	3	4	5	6	7	8	9	A	B	C	D	E	F	G	H	I	J
1	1	2	3	4	5	6	7	8	9	A	B	C	D	E	F	G	H	I	J	10
2	2	3	4	5	6	7	8	9	A	B	C	D	E	F	G	H	I	J	10	11
3	3	4	5	6	7	8	9	A	B	C	D	E	F	G	H	I	J	10	11	12
4	4	5	6	7	8	9	A	B	C	D	E	F	G	H	I	J	10	11	12	13
5	5	6	7	8	9	A	B	C	D	E	F	G	H	I	J	10	11	12	13	14
6	6	7	8	9	A	B	C	D	E	F	G	H	I	J	10	11	12	13	14	15
7	7	8	9	A	B	C	D	E	F	G	H	I	J	10	11	12	13	14	15	16
8	8	9	A	B	C	D	E	F	G	H	I	J	10	11	12	13	14	15	16	17
9	9	A	B	C	D	E	F	G	H	I	J	10	11	12	13	14	15	16	17	18
A	A	B	C	D	E	F	G	H	I	J	10	11	12	13	14	15	16	17	18	19
B	B	C	D	E	F	G	H	I	J	10	11	12	13	14	15	16	17	18	19	1A
C	C	D	E	F	G	H	I	J	10	11	12	13	14	15	16	17	18	19	1A	1B
D	D	E	F	G	H	I	J	10	11	12	13	14	15	16	17	18	19	1A	1B	1C
E	E	F	G	H	I	J	10	11	12	13	14	15	16	17	18	19	1A	1B	1C	1D
F	F	G	H	I	J	10	11	12	13	14	15	16	17	18	19	1A	1B	1C	1D	1E
G	G	H	I	J	10	11	12	13	14	15	16	17	18	19	1A	1B	1C	1D	1E	1F
H	H	I	J	10	11	12	13	14	15	16	17	18	19	1A	1B	1C	1D	1E	1F	1G
I	I	J	10	11	12	13	14	15	16	17	18	19	1A	1B	1C	1D	1E	1F	1G	1H
J	J	10	11	12	13	14	15	16	17	18	19	1A	1B	1C	1D	1E	1F	1G	1H	1I

```
              1
  J  =  19     J      1 H   ==>   1 x 201 + 17 x 200 = 37
+ J  =  19   + 1    + 1 G   ==>   1 x 201 + 16 x 200 = 36
  ==   ===     ==     ==                               ==
  1I    38     10    3 D                               73
                      |
                      |—— 13 x 200 =              13
                      |—— 3 x 201 = 3 x 20   =    60
                                                  73
```

LAS COMPUERTAS LÓGICAS:

Para comprender como se realizan los cálculos numéricos que ejecutan las computadoras y como es que éstas 'toman decisiones', es necesario conocer los principios básicos de la **Aritmética Binaria** y familiarizarse con las denominadas **Compuertas Lógicas**.

Las Compuertas Lógicas Digitales son Circuitos Electrónicos simples con dos o más líneas de entrada y una de salida, a través de las cuales se realizan las Comparaciones Lógicas en una computadora y se realizan, también, decisiones Lógicas, utilizando el Algebra Booleana, la que nos permite expresar matemáticamente problemas de Lógica a través de variables binarias, que solo pueden tener los dos estados posibles ya conocidos.

Se tienen tres Compuertas Fundamentales (en realidad son cinco con 'NOR y NAND´, pero nos basaremos solo en las principales): la compuerta **AND**, la **OR** y la **NOT**. Cada Compuerta tiene una representación Binaria en Tablas de Verdad; otra, Gráfica; una más, en Diagramas de Venn y, otra última en Diagramas de Circuitos Eléctricos. Pero para entender las representaciones es necesario recurrir al origen de ellas:

Supóngase que tenemos dos Variables Binarias "A" y "B", estas pueden tener cuatro combinaciones diferentes de Valores de Verdad 2n = 2 2 = 4, y, 16 combinaciones diferentes a partir de las anteriores, llamadas Funciones; en otros términos: si "A" y "B" son dos Variables Binarias Independientes y "C" es la Variable Dependiente, tenemos:

$$C = f(A, B),$$ tabulando:

FUNCIONES DE DOS VARIABLES BINARIAS

ENTRADAS		SALIDAS															
A	B	F0	F1	F2	F3	F4	F5	F6	F7	F8	F9	F10	F11	F12	F13	F14	F15
0	0	0	1	0	1	0	1	0	1	0	1	0	1	0	1	0	1
0	1	0	0	1	1	0	0	1	1	0	0	1	1	0	0	1	1
1	0	0	0	0	0	1	1	1	1	0	0	0	0	1	1	1	1
1	1	0	0	0	0	0	0	0	0	1	1	1	1	1	1	1	1
			NOR							AND						OR	

De todas estas Funciones, las más significativas son, como ya lo habíamos mencionado, las que representan las Compuertas Lógicas *"AND", "OR" y "NOT"*, esto es, las Funciones: **F8, F14 y F1** respectivamente, y que corresponden <u>al **"Y" Lógico o Producto Lógico**</u> (1,0,0,0), cuya Ecuación Lógica es: **C = A · B** ('C' es verdadera, cuando "A" y "B" son verdaderas); al <u>*"O" Lógico o Suma Lógica*</u> (1,1,1,0), cuya Ecuación Lógica es: **C = A+B** ("C" es verdadera, cuando "A" o "B" son verd<u>aderas); y, a</u> **la <u>Negación Conjunta "Y NO"</u>** (0,0,0,1), expresado por la Ecuación Lógica: **C = A · B** ("C" complemento de "A" y "B").

REPRESENTACIONES DE LAS COMPUERTAS

Ahora bien, sabiendo que en las computadoras usamos los *Dígitos Binarios Cero y Uno para representar Falso y Verdadero,* y apoyándonos en los **Diagramas de Venn**, así como de los Símbolos Electrónicos para la representación de las Compuertas, tenemos:

A). COMPUERTA LÓGICA "AND"

ES UN CIRCUITO QUE PRODUCE UNA **SALIDA** "VERDADERA" SI **TODAS LAS ENTRADAS** SON "VERDADERAS".

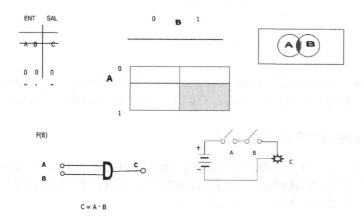

$$C = A \cdot B$$

En el primer esquema (el rectángulo dividido en cuatro), que corresponde a la representación de los valores de las Variables Binarias A y B, vemos que está sombreada el área donde se intersectan los dos valores de "Verdad" (dígitos uno), para cada variable, que es precisamente lo que nos dice la Tabla que se encuentra a su izquierda: para que la Salida (variable "C"), sea Verdadera, las Variables "A" y "B" tienen que ser también Verdaderas. En la notación de Conjuntos, esto se conoce como la Intersección de dos Conjuntos, y, en la Electrónica, tendríamos que un Circuito "AND" establecería que, si ambas entradas tienen un Voltaje Positivo, la Salida también tendrá un Voltaje Positivo, y si alguna de las entradas, o las dos, son de Voltaje Negativo, la Salida del Circuito será igualmente de Voltaje Negativo.

B). COMPUERTA LÓGICA "OR"

ES UN CIRCUITO QUE PRODUCE UNA **SALIDA** "VERDADERA" SI **ALGUNA** DE LAS **ENTRADAS** ES "VERDADERA":

B

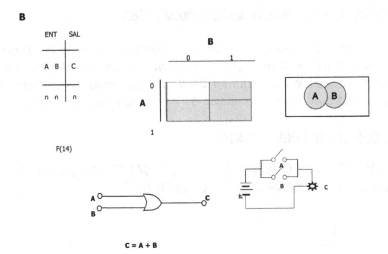

F(14)

C = A + B

En forma similar, la Tabla correspondiente a la Función 14, nos dice que la Salida "C" será "Verdadera" si "A" o "B", o ambas, son Verdaderas.

C). COMPUERTA LÓGICA "NOT".

ES UN CIRCUITO QUE **PRODUCE UNA SALIDA "CONTRARIA" AL VALOR DE ENTRADA**: SI LA **ENTRADA** ES "**VERDADERA**", LA **SALIDA** SERÁ "**FALSA**", Y VICEVERSA.

Sin embargo, siguiendo la 'lógica' de la propuesta inicial de: "Dadas 2 Variables Binarias,…" eso no aplica para la Compuerta Lógica **NOT** ya que, si seguimos esa lógica, realmente lo que se obtiene es la Compuerta Lógica '**NOR**', cuyas representaciones se muestran a continuación:

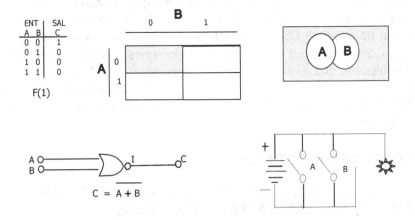

ENT		SAL
A	B	C
0	0	1
0	1	0
1	0	0
1	1	0

F(1)

$$C = \overline{A + B}$$

De tal forma que la Tabla de Verdad de la Función 1, nos indica que la Salida "C", es Verdadera, si tanto "A" como "B" son "FALSAS". El símbolo Real correspondiente de la Compuerta NOT, es similar al anterior pero con un solo filamento de entrada y en lugar del símbolo parecido a una punta de flecha, cambia a un triángulo:

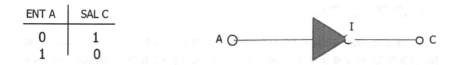

ENT A	SAL C
0	1
1	0

Lo nuevo en estos últimos esquemas, está en el agregado del símbolo "I", que corresponde a un "Inversor", que es el que genera la Negación de la Entrada tanto para la Variable "A" como para la Variable "B", en la Compuerta "NOR", así como para las variables "A" o "B" en la Compuerta "NOT".

EL HARDWARE Y EL SOFTWARE

Al hablar de las Computadoras diferenciamos dos partes genéricas de ellas: el **Hardware** y el **Software**, de las que hablaremos enfocándonos hacia las Microcomputadoras, ya que son a las que tenemos más acceso.

HARDWARE EXTERNO.

El **Hardware** es la Parte Física de la Computadora; son los 'fierros' de la máquina. Es la parte que podemos ver y tocar (la parte tangible).

El Hardware se divide en Externo e Interno. El Externo lo forman todos los dispositivos que están a la vista: El gabinete de la Unidad Central de Proceso con sus Unidades de Disco ya sean 'Duros' (denominados así, más bien por su capacidad y que no se les puede manipular o estar moviendo, que por su consistencia); 'Flexibles', que son las que utilizan Diskettes; el Monitor, la Impresora, los Graficadores, etc.

EL HARDWARE INTERNO.

El Hardware Interno está formado por toda la 'Circuitería' que está formada a través de 'Chips' que se encuentra dentro del gabinete de la computadora. Los Chips pueden ser de Memoria para el Usuario (RAM), de Rutinas permanentes de solo lectura (ROM); los Chips en los que se pueden grabar rutinas por el usuario, una sola vez (PROM) y Chips para rutinas semipermanentes que pueden reprogramarse (EPROM).

EL SOFTWARE

LOS SISTEMAS OPERATIVOS.

El **Software** (uso suave) es todo el conjunto de Instrucciones o códigos (programas) de que dispone una computadora para funcionar. Se clasifica en Software del **Sistema Operativo**, de los **Lenguajes de Programación** y **Aplicaciones** (sistemas) desarrolladas **para propósitos específicos**, más conocidas como '**Paquetería**'; veamos cada parte de esta clasificación.

Toda Computadora sea del tamaño que sea, requiere de un **Sistema Operativo** para poder funcionar.

Los Sistemas Operativos son, quizás, la parte más importante del Software por sus múltiples funciones que tiene asignadas, se podrían sintetizar diciendo que son: Controlar todas los acontecimientos que se suscitan en el Procesador Central como: la Introducción de datos, el Almacenamiento de ellos, la Ejecución de Cálculos, la Salida de Información, lo que implica la Interpretación de Instrucciones, checar los canales de comunicación entre el Procesador y los diferentes dispositivos para controlar en qué momento es posible la transmisión de datos, etc., administra todos los Recursos del Sistema es 'el gran orquestador' del mismo.

Para realizar estas funciones se apoya de 2 componentes fundamentales: el **Shell de Comandos** y el **Kernel del Sistema**.

El **Shell** o Intérprete de Comandos es un código que proporciona una Interfaz de Usuario para acceder o interactuar con el procesador vía el S. O. Se tienen 3 Interfaces del Shell:

- **CLI**, *Command-Line Interface*, interface de línea de comandos.
- **GUI**, *Graphical User Interface*, interface gráfica de usuario.
- **NUI**, *Natural User Interface*, interface natural de usuario.

El **Kernel** –conocido como el *Núcleo* del Sistema Operativo-, complementariamente, es otro código de Interface entre el Software y el Hardware. Es la primera capa del Software que contiene los Drivers que controlan todos los componentes del Hardware como lo son la pantalla, la cámara, el bluetooth, la memoria, la USB, el Wi-Fi, el Audio, la Carga, la CPU, etc.

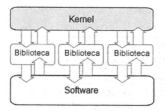

Enfocándonos a las Computadoras Personales -desde su aparición- mencionaremos que su Sistema Operativo se denominó **MS-DOS** acrónimo de **M**icro**S**oft **D**isk **O**perating **S**ystem, Sistema Operativo en Disco de Micro Soft, no se había desarrollado aún el S. O. Windows, se trabajaba en 'Modo de Comandos', lo que actualmente se ha denominado Símbolo del Sistema. Las primeras PC's de los años 80, no incluían el Sistema Operativo grabado en Disco (disco 'duro' o Hard Disk), no lo incluían en su configuración; ni estaba 'quemado' en algún Chip. Estaba grabado en un Diskette de 5¼" el cual se insertaba en la unidad de la PC identificada como **A:**, desde donde se leía y cargaba a Memoria parte del Sistema Operativo, sus Comandos Internos.

Antes de esta carga el S. O. ejecutaba un pequeño programa denominado **IPL** (Initial Program Loading) el cual revisaba la configuración del equipo o PC en cuanto a Periféricos instalados y la cantidad de Memoria que tenía la PC, para posteriormente cargar los **Comandos Internos,** después de cargar otros archivos-programas del Sistema. Hecho esto, aparecía en la pantalla negra del monitor de la PC, el **Prompt** indicando que la computadora estaba lista para ser utilizada, ejecutando los Comandos o Instrucciones que se le indicaran, mostrando que la Unidad de diskettes activa inicialmente era la **A:**.

Los Comandos del MS-DOS se subdividen en **Internos y Externos**. Los **Internos** se denominan así por el hecho de que, en el proceso de carga del S. O., esos Comandos se copian a la Memoria de la computadora y allí permanecen durante la sesión de trabajo, de tal forma que cuando se desea ejecutar uno de ellos, el S. O. lo lee desde la Memoria y lo ejecuta. Los **Comandos Externos** no se copian a la Memoria, el S. O. los ejecuta desde el Diskette en donde están grabados. Si no estuviera insertado el diskette del S. O. (que contiene todos los comandos que lo conforman) el S.

O. desplegaría un mensaje de error, indicando que no se encontró el en diskette insertado el Comando que deseaba ejecutarse.

A continuación, se despliega una tabla que muestra la evolución (versiones) del S. O.:

Versión	Fecha	Disco	Comentarios
1.0	Ago.1981	160 KB	Compatible con CP/M; sólo soportaba 1 Directorio
1.	Oct.1982	320 KB	Arregló algunos errores de la ver. 1.0
2.0	Mar.1983	360 KB	Soportaba los Discos Duros; más parecido al UNIX que al CP/M
2.1	Nov.1983		Se incluía en la PC conocida como PC Junior
2.11	Mar.1984		Incluía soporte para Usuarios Internacionales
3.0	Ago.1984	1.2 MB	Incluía soporte para la PC/AT
3.1	Nov.1984		**Primera edición que soportaba Redes**
3.2	Ene.1986	720 KB	Soportaba discos (diskettes) de 3.5" y el anillo de elementos IBM
3.3	Abr.1987	1.44 MB	Se incluía en la PC conocida como PS/2
4.0	Jul.1988		Soportaba discos mayores de 32 MB; incluía el Shell del DOS
5.0	Abr.1991	2.88 MB	Mejoras en el uso de la Memoria Extendida
6.0	Abr. 1993	5.76 MB	Duplica espacio en disco; Recuperación de archivos; Antivirus; Respaldos; Reorg. De Espacio Fragmentado; mejor uso de la Memoria.
6.2	Nov. 1993		Mejora seguridad del Doublespace; agrega Scandisk
Win 95	Ago. 1995		Primera versión del Windows de MicroSoft, de ambiente gráfico, de 32 bits, con PnP.
Win 98	Jun. 1998		Versión mejorada del Windows 95, implementó el Sistema de Archivos del FAT32, lo que lo hace más rápido. FAT32
WinMe	Sep. 2000		Implemento mejorado del Plug & Play
Win 2000	Feb. 2000		Versión para la línea Profesional
Win XP	Oct. 2001		Funcionalidad de DVD y TV
Win Vista	Ene. 2007		Shell rediseñado; Interfaz de Usuario
Win 7	Oct. 2009		Soporte Multi-Touch; Sistema de Red HomeGroup; Mayor velocidad y menor consumo de Recursos
Win 8	Oct. 2012		Actualización masiva del Sistema; mejoras en la Personalización y Rendimiento
Win 10	Jul. 2015		Integra navegador Microsoft Edge y el asistente de voz Cortana

Algunos de los Comandos del primer Sistema Operativo del MS-DOS, se muestran en la tabla dada a continuación:

COMANDOS INTERNOS	NOMBRE EN INGLÉS Y DESCRIPCIÓN DE SU FUNCIONAMIENTO	COMANDOS EXTERNOS	NOMBRE EN INGLÉS Y DESCRIPCIÓN DE SU FUNCIONAMIENTO
CHCP	Change Code Page. Muestra o establece el número de la tabla de códigos activa.	APPEND	En forma similar al comando Path, Append le permite al usuario abrir archivos en el directorio que indique como si estuvieran grabados allí.
CHDIR	Change Directory. Cambia al directorio de trabajo indicado.		
CLS	Clear Screen. Borra la pantalla del monitor.	ASSING	El **comando assign** se utiliza para asignar una letra de unidad para personalizarse como otra unidad.
COPY	Copia Archivos	ATTRIB	Asigna o deshabilita atributos de los archivos.
DATE	Establece la fecha del día.		
DEL(ERASE)	Delete. Borra uno o varios Archivos según se indique.	BACKUP	Realiza respaldos de archivos o carpetas.
MKDIR (MD)	Make Directory. Crea un Directorio o Subdirectorio (actualmente llamados carpetas) como se indique.	CHKDSK	Check Disk. sRevisa el estado del medio (disco) indicado.
		COMP	Compare. Sirve para comparar archivos.
PATH	Establece una trayectoria de acuerdo a la relación de Subdirectorios creados.	DISKCOMP	En forma similar al anterior comando, compara discos.
PROMPT	Cambia el símbolo del sistema de cmd.exe	DISKCOPY	Hace una copia fiel de todo el contenido de un disco en otro.
RMDIR (RD)	Remove Directory. Remueve Directorios o subdirectorios de la estructura que presente el disco.	FDISK	Permite dividir en forma lógica un disco duro.
SET		FIND	Busca una cadena de caracteres en uno o más archivos.
TIME	Muestra, establece o quita las variables de entorno de cmd.exe	FORMAT	Da formato a una partición de disco duro o disquete.
	Muestra o establece la hora en el sistema.		

TYPE		
	Permite listar el contenido de un archivo de texto.	
VERIFY		
	Verifica que un archivo fue creado adecuadamente.	
VOL		
	Muestra en pantalla la etiqueta del **volumen** y el número de serie del disco.	

JOIN	Asigna el contenido de un disco a un directorio de otro disco. No existe más en el DOS 6.
KEYB	Carga el programa que administra el teclado (reemplaza al que reside en la memoria muerta, para el teclado USA).
LABEL	Crea, modifica o suprime el nombre atribuido a un disco.
MODE	Establece las condiciones de funcionamiento de los periféricos, impresora, interface de video y conexiones en serie, y también sirve para la preparación de las tablas de códigos.
MORE	Para visualizar página por página en la pantalla (es decir, sin que desfilen ininterrumpidamente en la pantalla)
PRINT	Imprime el contenido de archivos, en segundo plano, mientras se prosigue con un trabajo en la pantalla.
TREE	Imprime el contenido de archivos, en segundo plano, mientras se prosigue con un trabajo en la pantalla.
XCOPY	Copia archivos selectivamente, inclusive los que provienen de subdirectorios. Es un comando excelente que puede servir incluso para efectuar copias de seguridad.
MOVE	Mueve uno o varios archivos y da nuevo nombre a archivos o directorios. Nuevo comando con el DOS 6.

Independientemente de que a partir de Win '95 MicroSoft cambia de un ambiente de D.O.S. a un Sistema Gráfico con administración de '*Ventanas*', el DOS siempre está presente en cualquier versión de Windows, Comandos más, Comandos menos.

El desarrollo de poderosos Microprocesadores y el avance en Redes de Área Local de alta velocidad permitieron conectar cientos de equipos para transferir datos e información entre ellos. Las configuraciones de redes con un gran número de CPU's (Unidad Central de Proceso), conectados por medio de una Red de Alta Velocidad, se denominan **Sistemas Distribuidos**; en contraposición a éstos, están los **Sistemas Centralizados**, que se conforman de un solo CPU, sus periféricos, su Memoria Central y algunas Terminales.

De tal forma que esto es lo que motivó el desarrollo de los más representativos Sistema Operativos **MS-DOS**, y el **UNIX**. Éste es el Sistema Operativo que se puede ejecutar en una mayor cantidad de computadoras desde **Notebooks** hasta **Supercomputadoras**. Es el Sistema dominante en los equipos conocidos como **Estaciones de Trabajo** como en **Minicomputadoras**, como lo fueron las minicomputadoras **PDP** desde la '7' hasta las '11/45' y las '11/70'. Otros equipos que utilizaron Unix fueron la **VAX**, la **AIX** de IBM, la **HP-3000**, entre otras. He aquí los 2 dignos representantes de los Sistemas Centralizados y Distribuidos a mediados de la década de los 80's.

Sin embargo, el Sistema Operativo que compite con mucha ventaja con los Sistemas de MicroSoft, es el **GNU/LINUX**, a través del denominado **UBUNTU**. Es una distribución Linux que ofrece un sistema operativo orientado principalmente a computadoras personales, aunque también proporciona soporte para servidores. Tiene una gran aceptación y demanda Internacionalmente. Su objetivo se concentra en la facilidad y libertad de uso, la fluida instalación y sus lanzamientos (Distros, Metadistro, de juegos como Narita Boy, etc).

El nombre del Sistema proviene de las palabras "**zulú y xhosa**" de origen africano, que significa "**humanidad hacia otros**". De allí proviene el eslogan "**Linux for Human Beings**". Lo más importante y que lo hace el más popular del mundo es que la distribución Linux no tiene fines de lucro.

LOS LENGUAJES DE PROGRAMACIÓN:

Los Lenguajes de Programación son el medio a través del cual podemos hacer funcionar a la computadora para nuestros fines.

Un Lenguaje de Programación es un conjunto de Reglas (sintaxis), Palabras Reservadas y Símbolos a través de los cuales podemos indicarle a la computadora que procesos realizar, cómo, cuándo, con qué datos, etc.

Una de las Clasificaciones de los Lenguajes de Programación es: Lenguajes Máquina, Lenguajes Ensambladores, de Alto Nivel y de Cuarta Generación.

LENGUAJE MÁQUINA

Tienen esta denominación debido a que es el que la Máquina puede ejecutar directamente sin necesidad de Conversión posterior, ya que todas sus Instrucciones se representan mediante Códigos Binarios, y en el que el Programador determina las Localidades de Memoria y el Código de las Instrucciones en hexadecimales. Es conocido como Lenguaje de Bajo Nivel o de Primera Generación, ya que es más Inteligible para la Máquina que para el Humano.

LENGUAJE ENSAMBLADOR.

Se denominan así a aquellos que utilizan formas Simbólicas y Mnemónicas para expresar a los Lenguajes de Máquina. Tienen una estructura muy similar a la de los anteriores. Generalmente el Software de los Sistemas Operativos, se escribe en estos Lenguajes, conocidos también como de Segunda Generación. Los Programas escritos en Ensamblador, son menos difíciles de desarrollar y de entender.

LENGUAJES DE ALTO NIVEL.

Son los Lenguajes más Inteligibles para el Humano que para la Máquina, por lo que son más utilizados para la solución de problemas (vía programación obviamente). Los Programas escritos en estos Lenguajes (Algol, Basic, Cobol, Fortran, Lisp, Pascal, Prolog, RPG, etc.), pasan por un proceso de Conversión de sus Instrucciones: del Lenguaje Simbólico (Programa Fuente), al del Lenguaje Máquina (Programa Objeto), donde se checa la Sintaxis de las Instrucciones y se deja un programa que está codificado o en Binario, el cual es ejecutado por la máquina. Son conocidos como Lenguajes de Tercera Generación.

Sin embargo, el lenguaje C se clasifica como un Lenguaje de Nivel Medio y no como un Lenguaje de Alto Nivel.

LENGUAJES DE CUARTA GENERACIÓN.

Técnicamente, son aquellos que utilizan Herramientas prefabricadas, con acceso a Base de Datos, que los identifican como Lenguajes Orientados a Objetos (Cognos PowerHouse 4GL, Sybase, Oracle, Informix-4GL, Lycia Querix 4GL, NATURAL, Progress 4GL, Ingres 4GL, SQL), que permiten desarrollar Sistemas en menor tiempo que los lenguajes anteriores; contienen una amplia gama de posibilidades para manejar aplicaciones con bases de datos. **Empíricamente**, son aquellos que están orientados hacia Usuarios no Especializados en el área de Sistemas, y que son operados a través de Menús, esto es, a través de ir Seleccionando de entre Varias Opciones de Proceso que se despliegan en el monitor, una que será la que determine el Proceso a ejecutar, pasando por la cantidad de Menús que sean requeridos para satisfacer las necesidades de un Proceso global.

LOS PROGRAMAS DE APLICACIÓN, PAQUETES DE COMPUTACIÓN

Respecto a los 'Paquetes de Computación' (aplicaciones de software o sistemas) mencionaremos solo 6 clasificaciones tratando de generalizar y abarcar en estas los procesos más usuales que se conocen. Los grupos son: Procesadores de Textos; Hojas de Cálculo Electrónicas; Bases de Datos; Organizadores de Oficina; Integrados; y De Propósitos Generales.

PROCESADORES DE TEXTO.

A través de ellos podemos Crear y Modificar cualquier clase de Documentos, Imprimirlos, Crear Bibliotecas con partes de texto de uso frecuente para copiarlos directamente al Documento sin necesidad de volverlos a Digitar; elaborar 'Cartas Personalizadas', en serie, esto es, hacer un mismo texto para 'n' personas diferentes, a través de un Texto Base y de un Archivo-Directorio, e imprimirlos en breve tiempo.

HOJAS DE CÁLCULO ELECTRÓNICAS

Nos permiten desarrollar tablas en las que se requiera elaborar un buen número de cálculos tanto en forma vertical como horizontalmente, combinando tanto textos como cantidades numéricas y definiendo renglones de totales, con la facilidad de que solamente definimos la fórmula que requiere el cálculo a realizar y automáticamente la computadora lo realiza con mucha más rapidez y exactitud a la que lo realizaríamos nosotros. además, estas fórmulas las podemos copiar a cualquier parte donde se le requiera y la computadora, en todo lugar donde encuentre una fórmula, la calcula automáticamente; si se modificaran las referencias numéricas que intervienen en una fórmula, las fórmulas se recalculan automáticamente, dando el nuevo resultado actualizado. también nos permiten representar las cantidades numéricas con las que se está trabajando en una tabla (hoja), en forma de gráficas de barras, de barras apiladas, de líneas, de sectores circulares (pie), hi-low y x-y. de mucha utilidad en la elaboración de presupuestos, proyecciones financieras, elaboración de tablas contables, cálculo de estadísticas, modelos matemáticos, análisis de sensibilidad, etc. para facilitar aún más los cálculos, tienen integrado un gran número de fórmulas matemáticas, financieras, estadísticas, de fecha, lógicas y especiales. entre las hojas de cálculo más utilizadas están: Visicalc (la pionera), Supercalc- 3 y Lotus 123.

SISTEMAS GESTORES DE BASES DE DATOS

Por medio de los Paquetes de Base de Datos, podemos desarrollar Sistemas de Computación en un tiempo mucho menor y con menos esfuerzo que el requerido si lo hiciéramos a través de un Lenguaje de Programación. Estos paquetes prácticamente no tienen ninguna limitación, la limitante está en la Capacidad de Memoria que tenga la Microcomputadora en que se corra el Sistema. Se han desarrollado Sistema Contables, de Nomina, de Inventarios, Especiales, etc. a través de estos paquetes. Entre los más conocidos se tiene al dBASE, en sus diferentes versiones (II, III, III +, IV y V), Fox Pro, RBASE 5000, INFORMIX, SYBASE, Oracle y los mencionados anteriormente como PowerHouse, Lycia Querix, NATURAL, Progress, Ingres, SQL etc.

ORGANIZADORES DE OFICINA

Diseñados para la automatización de las Oficinas, a través de los Archiveros y Directorios Electrónicos, la Agenda Electrónica, Cuadernos de Notas también Electrónicos, Llamadas Telefónicas etc.; con estas aplicaciones se lleva la Agenda de un Directivo o Profesionista, en una forma Eficiente y Organizada sin tantos papeles sobre el escritorio y en una forma Automática. Entre los conocidos de este tipo están: el SIDE KEY y el SPOTLIGHT (o METRO).

INTEGRADOS

Se les da este nombre porque efectivamente tiene integradas entre otras funciones un Procesador de Textos, una Hoja de Cálculo Electrónica, una Base de Datos, software para Graficar y Telecomunicaciones (algunos tienen lo que se llama Procesadores de Ideas como el Framework); lo que presenta la ventaja de poder utilizar todas las aplicaciones para un mismo grupo de datos (como se requiere en los desarrollos de nuevos Proyecto), sin necesidad de estar cambiando de paquete. Entre los Integrados más conocidos están el OPEN ACCESS, el SIMPHONY, el FRAMEWORK II y, el de mayor demanda, el OFFICE de Windows en sus diferentes versiones.

DESARROLLO DE SISTEMAS.

La otra cara de la moneda es el Desarrollo de Sistemas Computacionales a través de un Lenguaje de Programación, como el Cobol, el RPG, Fortran, Pascal o Basic, etc., en lugar de hacerlo usando un 'paquete' de Programación (sistema) ya desarrollado.

Quizás la pregunta obligada sea: ¿Cuál es la diferencia de utilizar un Sistema a través de un 'Paquete' (software) ya elaborado a hacerlo por Programación? La respuesta es, la principal diferencia estriba en que, si Desarrollamos un Sistema utilizando un Lenguaje de Programación, este estará hecho 'a nuestra Medida', esto es, estará hecho de acuerdo con nuestras características y necesidades particulares de información; por otro lado, si obtenemos un 'Paquete' ya elaborado, éste, estará desarrollado en una forma muy general y seremos nosotros los que debamos adaptarnos al Paquete, a como está diseñado para operar, y no al revés.

LOS SISTEMAS: ¿QUÉ ES UN SISTEMA?

Todas las definiciones de los Sistemas son similares. Describen un Sistema como un Conjunto de partes Complejas que forman un Todo para lograr un Objetivo Común.

La esencia del enfoque consiste en que cuando se integran eficazmente las Partes, el Total es Mejor que la Suma de todas ellas.

Por ejemplo: en el Desarrollo de una Teoría de Organización y Administración, el problema consiste en reunir o "Formar" un Sistema con los diversos Enfoques, Principios y Técnicas de las Teorías existentes; debidamente Integrado, ese Sistema Administrativo logrará, con más Eficacia el Objetivo, que si se examinan las partes aisladamente.

Por otro lado, Todo lo que nos rodea y lo que nos conforma, son Sistemas: Nuestro Sistema Circulatorio, el Respiratorio, el Digestivo, el Nervioso, inclusive, en nuestros mismos Átomos están orbitando ciertas Partículas, denominándose al conjunto Sistema Atómico, el cual tiene la misma estructura que nuestro Sistema Planetario, y éste, del Sistema Galáctico (como es Arriba, es Abajo), etc.

SISTEMAS MANUALES VS AUTOMATIZADOS.

Como hemos visto las Computadoras se crearon para ayudarnos en las tareas de Cálculo y de Proceso de Datos. Sin embargo, hasta antes de la aparición de ellas (e inclusive hoy en día aún), muchas Empresas u Organizaciones, continúan realizando sus operaciones en forma Manual, claro está, auxiliándose de máquinas de escribir mecánicas o eléctricas y de Calculadoras, utilizando grandes Archiveros donde se Almacenarán los miles de Documentos generados, empleando mucho tiempo en las labores de organización y clasificación de estos.

Las Empresas Modernas y altamente competitivas, no podrían actualmente sobrevivir sin el Auxilio de las Computadoras, sin haber Automatizado sus Sistemas Administrativos, Técnicos y de Información, para poder responder Eficaz y Eficientemente a los requerimientos de Nuestros Tiempos.

Si necesitáramos de un Bien o un Servicio con ciertas características de Calidad y Oportunidad de entrega, contrataríamos el Servicio o adquiriríamos el Bien con la Compañía que nos garantizara la Calidad requerida en el menor Tiempo; sobra decir que entre dos compañías que ofrecen el mismo Bien o Servicio, pero una Automatizada y la otra Mecanizada, quien ofrece un Servicio más oportuno, será la primera, las razones son por todos bien comprendidas.

ESPECIFICACIÓN Y DEFINICIÓN DEL PROBLEMA (NECESIDADES DEL SISTEMA)

El primer paso que debemos dar para llegar al desarrollo de un Sistema, es Definir si se trata de un Sistema totalmente nuevo, como cuando vamos a convertir un Sistema Manual, a uno Automatizado, o si va a realizarse un Rediseño de un Sistema Automatizado, o Programado, ya en operación pero que desea optimizarse, o posiblemente se presentan ciertos Factores Tecnológicos (nueva tecnología con procesadores más veloces), o Socio-económicos (nuevas formas de organización social debidas a los cambios Tecnológicos y nuevas formas de competencia por los recursos económicos), o por Decisiones de la Alta Gerencia (decisiones de reorganizar las operaciones, la Introducción de Nuevos Productos, etc.); cualquiera que sea el factor que motive el cambio, se debe estar capacitado y dispuesto a afrontar los problemas que se presenten y resolverlos.

De antemano sabemos que se presentará resistencia al cambio: personas que se sentirán desplazadas por la computadora; las que se sentirán insatisfechas por la reagrupación requerida para el trabajo en el área de sistemas; la Perdida de la Autoestima y la Reputación, que se siente cuando no se tiene experiencia o conocimientos en el área de sistemas, etc.; pero debemos de ser capaces de motivar y orientar a estas personas para lograr su cooperación, manteniéndolas bien informadas de los Motivos y Beneficios a obtener.

De tal forma que la Definición que debemos hacer del Sistema debe especificar lo más claro y exacto posible el Objetivo que se pretende lograr, así como el de las Metas específicas a alcanzar y los Requerimientos generales a observar, para de esta forma satisfacer nuestras necesidades de Información o del Proceso de Datos de la Empresa.

ANÁLISIS DEL SISTEMA.

La Función principal en esta Fase, es detectar todos las actividades y operaciones actuales que se llevan a cabo con los datos (o información), para que de esta forma podamos determinar todos los requerimientos Humanos, Materiales y de Información que implica el Sistema, y de esta forma poder llegar a un Desarrollo óptimo del mismo. Son los Cimientos de un Buen Sistema, de modo que, si estos son débiles, toda estructura que hagamos sobre ellos pronto caerá, por lo que es indispensable que el

Análisis sea lo más profundo y detallado posible, para estar seguros de que nuestro Sistema permanecerá y cumplirá con los Objetivos especificados.

PASOS A REALIZAR EN EL ANÁLISIS DE SISTEMAS:

* Análisis del Flujo de la Información (Procedimientos, Métodos y Centros operativos).
* Recopilación de la Información.
* Análisis de los Documentos Fuente y Producto.
* Diseño de Formas Pre impresas.

Análisis del Flujo de la Información.- Implica el conocer todos los Centros por donde va pasando la Información y las transformaciones que va sufriendo durante su recorrido; detectar si hay redundancia de datos; actividades que se podrían suprimir, modificar o mover a un punto anterior o posterior, por ser más conveniente; etc.

Detectar si la forma en que se lleva a cabo la transformación de la Información es la más indicada y si los medios que se utilizan, son los adecuados o que alternativas hay para sustituirlas con ventaja.

Recopilación de la Información.- puede realizarse en forma Oral a través de Entrevistas, o bien, en forma escrita a través de Cuestionarios. Estudiar los resultados de salida que se obtienen actualmente, en cuanto a contenido, propósito y uso; si son oportunos y son confiables; los Datos de Entrada que se procesan para obtener las Salidas Actuales y se estimarán los Volúmenes de datos a Procesar (capturar) y los Volúmenes a reportar. Algunas ayudas para la recolección de Datos son los Organigramas y Estándares de Organización, los Diagramas de Flujo y de Procedimiento.

Análisis de los Documentos Fuente y Producto.- El punto principal es comparar si la Información requerida es obtenida a partir de los Datos recibidos; revisar y estudiar las Formas Preimpresas que se utilizan para capturar los Datos Fuente y determinar si los Datos son suficientes, si están redundando, si el orden es el más adecuado, si se pueden codificar, etc. Del Documento Producto, se tendría que revisar si la Información que se está recibiendo es la requerida de acuerdo a lo planeado y programado.

Diseño de Formas Preimpresas.- En caso de que se haya detectado que los datos recibidos a través de los Documentos Fuente no son suficientes o no están en la mejor distribución, habrá que considerar el diseño de formas o rediseño de las existentes con la finalidad de obtener los datos requeridos en cuanto a cantidad y orden.

Contando con la Información suficiente respecto a estos principales puntos, se harán los estudios concienzudos pertinentes para determinar la posibilidad de eliminar centros operativos superfluos para simplificar los procedimientos; para asegurarse que el Sistema operará con los cambios anticipados; para asegurarse que el sistema de codificación es el adecuado, etc.

DISEÑO DEL SISTEMA.

En esta fase se debe determinar el **Diseño de un Sistema** que sea **Eficaz** en cuanto a que cumple con los objetivos preestablecidos, y **Eficiente**, en términos económicos.

La Fase de diseño se refiere a la Determinación del Lenguaje de Programación a utilizar, previo conocimiento del Equipo con el que se contará (esto es, determinación del Hardware y Software); la Definición de los Archivos de Datos (maestros, de movimientos, etc.) en cuanto a contenido, características y Organización; la cantidad de Procesos a ejecutar, lo que determinará la cantidad de programas a desarrollar (para la creación de archivos, de actualización, de reporte, de cálculos, de integración, etc.), y sus interrelaciones, utilizando las Técnicas de Programación más adecuadas (programación Estructurada y Modular, etc.).

Incluye las especificaciones detalladas de cada programa en cuanto a los archivos de entrada que se van a leer (especificando los formatos de los registros), los procesos particulares que se espera desarrollen cada programa en particular, y el diseño de los Formatos de Salida Impresa (layouts) a emitir, así como, los archivos de salida que se generarán (a cinta o disco magnéticos).

Se desarrollan, también, algunos medios de apoyo para la Planeación y el control del desarrollo, como lo son las Técnicas para la determinación del tiempo total de la Red del Programa de Desarrollo, apoyados en la elaboración de Gráficas de Gantt para la Programación y Control de avance del Proyecto (sistema), de las que hablaremos un poco más en la sección de Implantación.

DESARROLLO DEL SISTEMA.

El desarrollo del sistema, no es otra cosa más que la Programación, en sí, del mismo: elaborar todos los programas determinados en la fase anterior de acuerdo a las especificaciones dadas y en el Lenguaje seleccionado; implicando también la preparación de Datos de Prueba, Ficticios y Reales, para hacer la prueba de los programas, considerando todas las posibles fallas que podrían presentarse, y más aún, preparando datos con errores a propósito, para verificar si el programa está considerando estos casos (se hacen las pruebas "a prueba de ... todo").

Las **Fases del Desarrollo** son: *Codificación, Captura, Compilación y Pruebas*.

Dentro de esta fase, se integran también las actividades de la Documentación de los Programas la que debe contener:

Un Diagrama de Bloque que muestre los archivos (de entrada y salida) que utilizará el Programa y una breve descripción del Proceso global del mismo. Una hoja con las Especificaciones de las Entradas, Procesos y Salidas, como serían las características de los archivos: su Organización, Formato o tamaño de los registros, cantidad de registros y nombres de los Archivos, así como residencia de los mismos, y los detalles del o los Procesos, junto con los Formatos de los Reportes.

Los Formatos de las especificaciones de los Registros llenados con los detalles de estos. Un listado del Programa compilado. Un listado de las pruebas corridas, y un listado de los reportes emitidos.

IMPLEMENTACIÓN Y PRUEBAS.

La Implementación hace referencia a la puesta en marcha del nuevo Sistema reemplazando al anterior, para lo que se siguen varios Métodos: Pruebas Piloto y Marcha en Paralelo.

Las Pruebas Piloto se realizan, durante la conversión, con el nuevo Sistema, reprocesando algunos datos que ya fueron corridos con el sistema anterior, para posteriormente compararlos y verificar la confiabilidad del nuevo sistema. Si se ha adquirido nuevo Hardware, las pruebas pueden realizarse en las instalaciones del proveedor, antes de la entrega del equipo contratado. Normalmente, primero se realiza la Prueba Piloto y posteriormente la Prueba en Paralelo.

La Prueba en Paralelo, es la ejecución de los Procesos en un determinado periodo seleccionado, con Datos Reales, tanto por el Sistema Anterior como con el Nuevo, verificando posteriormente los resultados de ambos para determinar la fidelidad de la Información con ambos, pero con las diferencias en oportunidad y quizás en mejor Información.

En esta Fase se termina la Documentación Global del Sistema y se elaboran los manuales de Operación y de capacitación para el Usuario, entre otras actividades adicionales, que no comentamos puesto que no es la finalidad, dar un curso completo de Análisis y Diseño de Sistemas.

La Evaluación final es una auditoria que normalmente la desarrollan personas ajenas al Diseño y Desarrollo del Sistema, en la que se deben encontrar respuestas a preguntas (entre otras), como:

- ¿Los resultados obtenidos son de la Confiabilidad, Veracidad y Oportunidad esperados?
- ¿Se siguieron los Procedimientos y Controles Diseñados para el Sistema?.
- ¿La documentación esta completa y cumple con los estándares?.
- ¿Se están recibiendo los Beneficios esperados?

Finalmente, quedaría una última Fase que es la del Mantenimiento del Sistema Nuevo, en la que se considera su ejecución periódica, y la eventual actualización de algunos Parámetros o Tablas de Datos que requiera el Sistema y que se hayan modificado; o también la elaboración de algunos Programas para realizar algunos ajustes ligeros, como sería la integración de nuevos datos o cambiar algún formato de impresión.

PRUEBAS DE ESCRITORIO

Es la actividad que consiste en hacer un seguimiento de la lógica del programa apoyados en el diagrama de flujo correspondiente a éste, asignando valores ficticios (o no) a cada una de las variables de entrada definidas, realizar los cálculos o procesos en que intervienen para que, finalmente, y al término del programa, revisar los resultados obtenidos para comprobar si corresponden a los resultados esperados.

Se estructura una tabla con tantas columnas como variables haya (tanto de entrada como de salida), en cuya parte superior se irán colocando, en cada columna, los nombres de todas y cada una de las variables que el programa utilice, asignando la última columna a las posibles salidas (resultados) que el programa arroje.

Esta tabla simula la memoria de la computadora, en la que se almacenarán todos los valores que cada una de las variables definidas va teniendo, tanto valores asignados de inicio (de entrada) como todas las modificaciones que van registrando en cada proceso de transformación en los que intervienen.

DIAGRAMAS DE FLUJO Y DE BLOQUE

Los *Diagramas,* en general, son auxiliares Gráficos para representar en forma integral y sintetizada los **Flujos o Secuencias** que se deben seguir entre los diferentes Procesos requeridos para la solución de un problema determinado y las relaciones que se establecen entre los Datos Fuente y los Generados (o Producto).

Todo Diagrama se expresa a través de Símbolos Convencionales, Estandarizados (para evitar confusiones), los que, en nuestro caso, son 20 y que se encuentran en una Plantilla (ver la figura anexa), de los cuales los más usuales son:

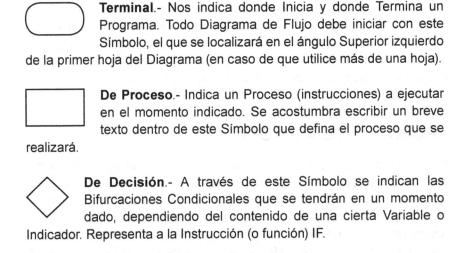

Terminal.- Nos indica donde Inicia y donde Termina un Programa. Todo Diagrama de Flujo debe iniciar con este Símbolo, el que se localizará en el ángulo Superior izquierdo de la primer hoja del Diagrama (en caso de que utilice más de una hoja).

De Proceso.- Indica un Proceso (instrucciones) a ejecutar en el momento indicado. Se acostumbra escribir un breve texto dentro de este Símbolo que defina el proceso que se realizará.

De Decisión.- A través de este Símbolo se indican las Bifurcaciones Condicionales que se tendrán en un momento dado, dependiendo del contenido de una cierta Variable o Indicador. Representa a la Instrucción (o función) IF.

De Salida Impresa.- Se utiliza para indicar una Salida de un Documento Impreso (Reportes, Listados, Formas Preimpresas), al finalizar un determinado Proceso. En ocasiones se le utiliza, también, para indicar la Entrada de Datos a través de Documentos, pero generalmente, como se sabe, todos los datos que puedan venir en documentos se capturan en algún medio que puede ser magnético o no, como es el caso de las Cintas Magnéticas o Cassettes, o bien, en Tarjetas Perforadas o Cinta de Papel. Quizá la excepción sería cuando la entrada va a ser a través de un Lector Óptico, pero, aun así, los documentos son cargados a cinta magnética, la que finalmente será el medio que tome la Computadora para la Lectura de los datos.

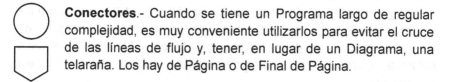 **De Flujo.**- Son los símbolos que se representan con Flechas, las que indican la dirección que debe seguir, la computadora, para ejecutar la secuencia de Instrucciones de acuerdo a la Lógica del Programa.

Conectores.- Cuando se tiene un Programa largo de regular complejidad, es muy conveniente utilizarlos para evitar el cruce de las líneas de flujo y, tener, en lugar de un Diagrama, una telaraña. Los hay de Página o de Final de Página.

De Disco Magnético.- Para indicar la Lectura o Grabación de Datos en Disco Magnético. Generalmente son utilizados en los Diagramas de Bloque.

De Cinta Magnética.- En forma similar al anterior, se utiliza para indicar la Lectura o Grabación de Datos en Cinta Magnética. También son utilizados en los Diagramas de Bloque.

Los **Diagramas de Flujo** se utilizan para indicar gráficamente todas las operaciones que se realizarán durante un determinado Proceso: Cálculos, Evaluaciones o investigación sobre algún valor de un dato en particular, para decidir por cual proceso seguir de los que se tengan como alternativas, etc. Pueden utilizarse tanto en la fase de desarrollo -apoyando la lógica que debe seguir un programa para llevar a cabo un determinado proceso-, como en la fase de implementación, para documentar los procesos a nivel de Programas. En estos Diagramas se utilizan más los Símbolos Terminales y de Proceso, así como los Conectores de Pagina.

Los **Diagramas de Bloque** se utilizan para indicar en un Programa el **Tipo de Archivos** que intervendrán en un Proceso (Archivo en disco, en cinta, en tarjetas o documento fuente o impreso) y, si serán de Entrada o de Salida. Es en estos Diagramas en los que se utilizan los Símbolos de los Discos y las Cintas Magnéticas, así como el de las Tarjetas y de los Documentos Impresos. En el Rectángulo o Símbolo de Proceso, se escribe el nombre del Programa (en el encabezado) y se da una breve descripción del Proceso que realizará el Programa. En la Fase de Documentación de un Programa, es el primer Diagrama que se inserta en la documentación.

LAS TABLAS DE DECISIÓN.

Las Tablas de Decisión son una poderosa herramienta para definir la Lógica de un Programa complejo. Consta de tres partes Principales: el Área de Condiciones a Evaluar (en la parte superior izquierda: C1, C2 y C3) que definen las decisiones a establecer en el programa; el Área de Acciones (en la parte inferior izquierda: A1, A2, A3 y A4) que indicara las acciones a ejecutar cuando se presenten un determinado conjunto de Condiciones; y, el Área de las Reglas de Decisión (1, 2 y 3) en la que cada columna, corresponde a un camino a seguir en un Diagrama de Flujo (ver Fig. anexa).

	R E G L A S			
COND.	1	2	3	n
C 1	S	S	S	S
C 2	S	N	N	S
C 3	N	S	N	S
C m	N	S	S	N
ACCN.				
A 1	X	X		
A 2		X	X	X
A 3	X		X	X
A m		X		X

COMANDOS E INSTRUCCIONES

Los Comandos y las Instrucciones son dos de los elementos relacionados con la actividad de la Programación que debemos saber diferenciar, ya que estaremos trabajando con ellos constantemente.

Un **Comando** es una Orden de ejecución inmediata que forma parte del Sistema Operativo de la Máquina, cuya función (entre otras), es indicarle al mismo Sistema Operativo, qué Dispositivo se va a accionar para dar

Lectura, o permitir la Grabación, de algún Archivo que se le indique, y, que se va a hacer con los datos y/o Programa que está en la Memoria: Desplegarlo en la Pantalla, Imprimirlo, Corregir alguna Línea del Programa, ejecutarlo, o bien, guardarlo.

Una **Instrucción**, en cambio, forma parte de un Lenguaje de Programación (nó del Sistema Operativo), y se ejecutan en forma 'Diferida o por Lotes' (durante el proceso de Compilación), esto es, que una determinada Instrucción no se ejecutar en el momento en que se está tecleando, sino hasta que demos la Orden de ejecución (RUN) del Programa.

Podríamos decir -a manera de símil- que una Instrucción actúa sobre los Datos, en forma individual, mientras que un Comando lo hace sobre un Archivo, o bien, sobre un dispositivo.

Las principales instrucciones o funciones del Lenguaje **C**, las iremos estudiando en las siguientes secciones.

SECCIÓN DE PREGUNTAS[1]

PREGUNTA 1: SIGUIENDO LA CORRESPONDENCIA: "PRIMERA GENERACIÓN, ES A BULBOS; COMO, CUARTA GENERACIÓN ES A: ...,"

RESPUESTAS:

a) VLSI (INTEGRACIÓN A MUY ALTA ESCALA) Y FENTOSEGUNDOS.
b) TRANSISTORES Y MILISEGUNDOS.
c) LSI Y PICOSEGUNDOS.
d) CIRCUITOS INTEGRADOS Y NANOSEGUNDOS.

PREGUNTA 2: EN FORMA SIMILAR: "INFORMÁTICA ES A: OBTENCIÓN DE INFORMACIÓN SISTE Y AUTOMATIZADA", COMO, CIBERNÉTICA ES A:"

RESPUESTAS:

a) OBTENCIÓN DE SISTEMAS DE REGULACIÓN Y DE CONTROL.
b) ESTUDIO DE SISTEMAS DE REGULACIÓN Y CONTROL.
c) ESTUDIO Y CREACIÓN DE SISTEMAS DE REGULACIÓN Y CONTROL.
d) OBTENCIÓN Y ESTUDIO DE SISTEMAS DE CONTROL Y REGULACIÓN.

PREGUNTA 3: ¿PARA QUÉ SE UTILIZA LA SIGUIENTE FÓRMULA?:

$$V_d = \sum_{P=1}^{n} (C_p * B^{P-1})$$

RESPUESTAS:

a) PARA CONVERTIR UNA CANTIDAD NUMÉRICA DE CUALQUIER SISTEMA HACIA EL SISTEMA DECIMAL.
b) PARA CONVERTIR UNA CANTIDAD NUMÉRICA DECIMAL HACIA CUALQUIER OTRO SISTEMA.

---

1   Las Respuestas a las Preguntas se ofrecen en el anexo de la presente obra.

PREGUNTA 4: CONVIERTA LAS SIGUIENTES EXPRESIONES EN SUS EQUIVALENTES ESPECIFICADOS:

$$(877)_{10} = (\ )_{16} \ Y \ (11011101101110) = (\ )_{16}$$

RESPUESTAS:

a) $(877)_{10} = (63D)_{16}$ Y $(11011101101110)_2 = (376D)_{16}$
b) $(877)_{10} = (36D)_{16}$ Y $(11011101101110)_2 = (376E)_{16}$

PREGUNTA 5: EJECUTE LA SIGUIENTE SUMA HEXADECIMAL: EEE + EEE

RESPUESTAS:

a) 177B   b). 1DDC   c). 1998

PREGUNTA 6: EJECUTE LA SIGUIENTE SUMA BINARIA:
11001101 + 101111:

REPUESTAS:

a) 10111101   b). 11111100   c). 10101010

PREGUNTA 7: EN EL SISTEMA NUMÉRICO BINARIO, ¿QUÉ SIGNIFICA LO SIGUIENTE: "**1 + 1 = 10**"

RESPUESTAS:

a) UNA REGLA PARA LA SUMA.
b) UN ERROR
c) UNA ABERRACIÓN MATEMÁTICA.

PREGUNTA 8: ¿QUÉ ES UNA COMPUERTA LÓGICA?

RESPUESTAS:

a) SON COMPONENTES ELECTRÓNICOS MONOESTABLES DE LAS COMPUTADORAS
b) SON INSTRUCCIONES QUE NOS SIRVEN PARA HACER PREGUNTAS.

c) ES UN CIRCUITO ELÉCTRICO SIMPLE.

d) ES UNA VÁLVULA DE PASO.

PREGUNTA 9. ¿QUÉ ES UN SUBDIRECTORIO O DIRECTORIO (CARPETA) Y PARA QUÉ NOS SIRVE?

REPUESTAS:

a) ES UN LISTADO DE LOS ARCHIVOS QUE ESTÁN GRABADOS EN UN DISKETTE Y SIRVE PARA REVISAR QUE TENEMOS.

b) ES EL NOMBRE DE UN COMANDO DEL SISTEMA OPERATIVO Y SIRVE PARA VER EL CONTENIDO DE UN DISKETTE.

c) SON LAS ÁREAS QUE SE CREAN EN UN DISKETTE Y QUE NOS SIRVEN PARA GRABAR LOS NOMBRES DE LOS ARCHIVOS

d) SON ÁREAS QUE SE GENERAN EN UN DISKETTE IDENTIFICADAS UN NOMBRE Y QUE NOS SIRVEN PARA ORGANIZAR LA INFORMACIÓN.

PREGUNTA 10. DIGA CUÁL DE LAS SIGUIENTES INSTRUCCIONES EL LA CORRECTA, PARA CREAR UN DIRECTORIO 'Z' QUE DEPENDE DE 'Q' EL QUE A SU VEZ DEPENDE DE 'Y' EL QUE DEPENDE DE 'A'.

RESPUESTAS:

a) MD A\Y\Q\Z

b) MD Z\Q\Y\A

c) CD A\Y\Q\Z

d) CD Z\Q\Y\A

PREGUNTA 11. LA SIGUIENTE LISTA DE COMANDOS, SON ESPECÍFICOS PARA LA MANIPULACIÓN DE DIRECTORIOS:

RESPUESTAS:

a) DIR, TYPE, TREE, CD, MD, RD.

b) DIR, TREE, CD, MD, RD.

c) CD, MD, RD.

d) DIR, TREE, CD, MD, RD, PATH

PREGUNTA 12. LAS REGLAS DE: "NO DEBE TENER ARCHIVOS", "NO DEBE TENER SUBDIRECTORIOS", "NO SE DEBE ESTAR DENTRO", ¿PARA QUÉ SE APLICA?:

RESPUESTAS:

a) PARA UN DISKETTE AL QUE LE DESEAMOS CREAR DIRECTORIOS
b) PARA PODER REMOVER UN DIRECTORIO.
c) PARA FORMATEAR UN DISKETTE.
d) PARA TODOS LOS CASOS ANTERIORES.

PREGUNTA 13. ¿CUÁL DE LAS SIGUIENTES EXPRESIONES ES CORRECTA?:

RESPUESTAS:

a) DISCO ES A ARCHIVERO, COMO DIRECTORIO ES A CAJÓN.
b) DISCO ES A CAJÓN, COMO DIRECTORIO ES A FOLDER.
c) DISCO ES A FOLDER, COMO DIRECTORIO ES A HOJA.
d) NINGÚNA ES CORRECTA.
e) TODAS SON CORRECTAS.

PREGUNTA 14: LOS COMPONENTES PRINCIPALES DE LA U.C.P. SON:

RESPUESTAS:

a) UNIDADES DE ENTRADA, MEMORIA, UNIDAD DE ARITMÉTICA Y LÓGICA, UNIDAD DE CONTROL Y UNIDADES DE SALIDA.
b) UNIDAD DE MEMORIA, UNIDAD DE CONTROL Y UNIDAD DE ARITMÉTICA Y LÓGICA.
c) TODOS LOS CHIPS INTERNOS DE LA COMPUTADORA.
d) NINGUN INCISO ES CORRECTO.

PREGUNTA 15: LOS DIAGRAMAS DE FLUJO Y DE BLOQUE, SE UTILIZAN PARA:

RESPUESTAS:

a) REPRESENTAR LOS MEDIOS EN QUE RESIDEN LOS ARCHIVOS DE DATOS QUE SERÁN UTILIZADOS EN UN PROCESO.

b) PARA REPRESENTAR LAS RELACIONES ENTRE LOS DATOS FUENTE Y LOS GENERADOS).

c) PARA REPRESENTAR GRÁFICAMENTE LOS FLUJOS O SECUENCIAS A SEGUIR EN UN PROCESO DADO.

d) TODOS LOS INCISOS SON CORRECTOS.

e) NINGUN INCISO ES CORRECTO.

PREGUNTA 16: LA DIFERENCIA ENTRE LOS DIAGRAMAS DE FLUJO Y LOS DE BLOQUE, ES:

RESPUESTAS:

a) LOS PRIMEROS INDICAN LA SECUENCIA A SEGUIR EN UN PROCESO (PROGRAMA), MIENTRAS QUE LOS SEGUNDOS SE UTILIZAN PARA MOSTRARA LOS ARCHIVOS DE ENTRADA SALIDA QUE TIENE UN PROCESO.

b) LOS SÍMBOLOS UTILIZADOS POR LOS PRIMEROS CORRESPONDEN A LOS QUE REPRESENTAN A LOS DISPOSITIVOS DE ENTRADA Y SALIDA; LOS SEGUNDOS, A LAS TAREAS U OPERACIONES QUE SE EJECUTARAN DENTRO DE UN PROGRAMA.

c) LOS DOS INCISOS DAN RESPUESTAS ERRÓNEAS.

PREGUNTA 17: ¿CUÁL ES LA FINALIDAD DE LAS PRUEBAS DE ESCRITORIO?

RESPUESTAS:

a) AYUDARNOS EN LA LÓGICA DE PROGRAMACIÓN (JUNTO CON EL CORRESPONDIENTE DIAGRAMA DE FLUJO) ANTES DE PASAR A CODIFICAR EL PROGRAMA.

b) SIMULAR LOS VALORES QUE VAN TENIENDO LAS VARIABLES UTILIZADAS POR UN PROGRAMA EN LA MEMORIA DE LA COMPUTADORA, Y VER LOS RESULTADOS QUE ARROJAN.

c) PARA PROBAR QUE RESULTADOS FACTIBLES SE OBTENDRÁN CON UN DETERMINADO PROGRAMA.

d) TODOS LOS INCISOS SON CORRECTOS.

PREGUNTA 18: ¿CUÁLES SON LOS PASOS QUE SEGUIR PARA LA REALIZACIÓN DE UN PROGRAMA?

RESPUESTAS:

a) ENTENDER CLARAMENTE EL PROCESO A DESARROLLAR, HACER LAS PRUEBAS DE ESCRITORIO, ELABORAR EL DIAGRAMA DE FLUJO Y CODIFICAR EL PROGRAMA.

b) ENTENDER CLARAMENTE EL PROCESO A DESARROLLAR, ELABORAR EL DIAGRAMA DE FLUJO, DESARROLLAR LAS PRUEBAS DE ESCRITORIO Y CODIFICAR EL PROGRAMA.

c) ENTENDER CLARAMENTE EL PROBLEMA, CODIFICAR EL PROGRAMA Y HACER LAS PRUEBAS DE ESCRITORIO.

CAPÍTULO II. ELEMENTOS DEL LENGUAJE C ANSI

El Lenguaje C fue desarrollado en los Laboratorios Bell de AT&T, por Dennis Ritchie en los laboratorios Bell Telephone en 1972, apoyado posteriormente por Brian Kernighan, inicialmente como respuesta a los requerimientos de mejorar el funcionamiento del Sistema Operativo UNIX, que en su fase de arranque estaba codificado en lenguaje ensamblador.

Un par de años atrás, en 1967, Martin Richard, de la Universidad de Cambridge, había desarrollado el lenguaje BCPL -*Basic Combined Programming Language, Lenguaje de Programación Básico Combinado*- que fue la base para la creación del lenguaje B escrito por Kenneth Lane Thompson en 1970, con la intención de recodificar el Sistema Operativo UNIX.

Este Lenguaje es el predecesor del Lenguaje de Programación C, el cual se clasifica de nivel medio ya que combina los elementos del lenguaje de alto nivel con la funcionalidad del ensamblador.

¿Porqué se le dio el nombre de "C"?, acertó, porque muchas de sus características fueron tomadas de un lenguaje anterior llamado "B". La primera edición de *El lenguaje de programación C*, de Ritchie y Karnigham, fue en 1978, sin embargo, desde 1970 empezó a sustituir al BASIC como lenguaje de programación de microcomputadoras predominante en ese momento. La proliferación del uso del Lenguaje, además de sus múltiples prestaciones, fue posible con la aparición de las nacientes computadoras personales de IBM en la década de los 80.

Se ha tratado de que el Lenguaje C sea portable para ser utilizado con diferentes computadoras y compiladores (recordar que C es un Lenguaje que debe ser Compilado, no es Intérprete), sin embargo, hay que realizar algunas ligeras modificaciones, ocasionalmente, para que un mismo programa sea compilado y ejecutado con compiladores diferentes al que se utilizó originalmente, o en plataformas diferentes.

Lo anterior nos lleva al tema de la Estandarización. En 1989 el Instituto Nacional Estadounidense de Estándares (ANSI) estableció los estándares del Lenguaje de Programación C, denominándolo ANSI C y en 1990, este estándar (con algunas mejoras) fue reconocido por la Organización Internacional para la Estandarización (ISO).

No obstante, siguieron dándose las mejoras al Lenguaje, como lo hizo el danés Bjarne Stroustrup quien, en 1996, realizó y agregó al Lenguaje capacidades o funcionalidades (nuevas bibliotecas) de Programación Orientada a Objetos, denominando a la nueva versión Lenguaje C++, que es el más utilizado con el sistema operativo Windows, a diferencia del original Lenguaje C, que sigue siendo más popular en el entorno del sistema operativo UNIX.

De tal forma que, paradójicamente, el Lenguaje que estudiaremos es este último, por las razones de que originalmente, se enseñaba la versión de Turbo C para ambientes DOS y no se desarrollan programas que utilicen las funciones de la Programación Orientada a Objetos. Sin embargo, se utilizará el compilador del DEV-C++ (MinGW)pero, sin utilizar las bibliotecas requeridas para la POO. Los Lenguajes no Intérpretes, que requieren de un proceso de compilación, siguen los pasos mostrados en el siguiente diagrama:

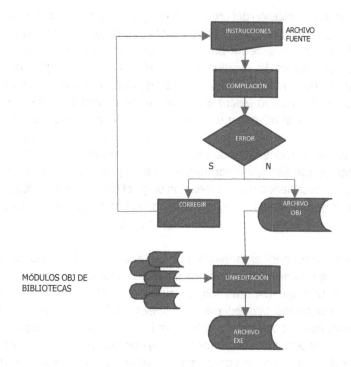

Una vez que se han escrito o capturado todas las Instrucciones de un determinado Programa – *archivo Fuente*- en el Editor del DEV-C y se graba en algún medio magnético –disco duro, diskette o USB-, el sistema le agrega automáticamente la extensión que se haya especificado por omisión que puede ser .C, o bien, .CPP; en este momento se inicia el proceso de Compilación, en el cual el compilador revisará la Sintaxis que debe tener cada una de las Instrucciones. En caso de que se detecte algún error (instrucción no reconocida, falta de puntuación, no haber declarado las variables a utilizar o algún otro tipo de error) el compilador informará el tipo de error detectado e indicará el número de línea de la instrucción del programa en donde se detectó que había un error; en ocasiones indicará un número de línea en la cual, realmente, no hay error alguno, sino que se localiza en una línea previa.

Si no se detectaron errores, se generará automáticamente un archivo en código –*archivo objeto*- de lenguaje máquina que tendrá el mismo nombre del programa Fuente grabado cuando se capturó en el editor del compilador, pero a diferencia de éste, le cambiará la extensión a **.obj**, en lugar de **.C**, o bien, de **.CPP** según sea el caso.

Finalizada la compilación del programa, el siguiente paso es la 'linkeditación' o integración de todos los Módulos Objeto que requiere el programa para poder funcionar; el sistema busca en todas las diversas bibliotecas los módulos que se están requiriendo y copia el Código Objeto de estos adicionándolos al módulo propio del código del programa, generando un nuevo archivo –archivo ejecutable- que en forma similar al paso anterior, su nombre será el mismo que el del archivo Fuente pero, su extensión cambia de .obj a .exe. Este archivo tiene la característica de que como ya tiene integrados todos los módulos objeto que requiere el programa para funcionar, puede ser ejecutado desde cuales quiera otras computadoras personales (asumiendo que su creación original fue desde otra PC) aunque éstas no tengan instalada ninguna versión del Lenguaje C o C++ y correrá, por sí solo, perfectamente bien sin ningún problema.

Iniciemos pues con el análisis del Lenguaje C. Todo Lenguaje de Programación tiene una estructura muy bien definida, esto es, la forma en que deben ser escritas las Instrucciones (Divisiones, Secciones, Módulos, Funciones, Procedimientos, Líneas, etc.) para que el Compilador correspondiente reconozca y valide las Instrucciones del programa. En algunos Lenguajes hay secciones que son opcionales, caso de C y Cobol, v.g., debido a que no se van a requerir algunas funciones para que el programa en cuestión funcione adecuadamente; sin embargo, debe mostrarse la estructura general que tiene el Lenguaje de Programación.

ESTRUCTURA DE LENGUAJE C.

La estructura básica de un programa en Lenguaje C, tiene la siguiente estructura:

Archivo cabecera (header files) Son aquellos, de los cuales el compilador -por medio del preprocesador-, C tomará las definiciones que se usará dentro del Programa.	/*ejemplos*/ # include <stdio.h> # include <stlib.h> # include <conio.h>
Directivas del preprocesador de **C**	if endif
Macrodefiniciones	# define CUANTO 1000
Declaración de funciones	void Funcion1(int a, int b);
Variables **Globales**	int a, char g, float b;
Programa Principal	main(), void main() ó int main()
Indicador de inicio del bloque de instrucciones.	**{**

Se definen variables **Locales**.	int c, z;
instrucciones	c = Funcion1(2,3); z=(a*c)/b; printf("Z = %d", z);
Indicador de cierre del bloque de instrucciones.	}
Definición de funciones	Funcion1 (int a, int b) {a=a+b; ,... return; }

NO TIENE INSTRUCCIONES DE ENTRADA-SALIDA. El Lenguaje **C** no tiene instrucciones que impliquen entrada o salida de Datos, tal como tienen ForTran o PASCAL (read, write), pero se tienen 2 funciones que hacen el mismo proceso: **scanf**() y **printf**().

Lo anterior da pauta para comentar que en el **Lenguaje C**, todo está hecho a base de **Funciones,** el mismo inicio de todo programa en **C** es una Función (**int main()**, **void main()** o simplemente **main()**). Las funciones son un conjunto de instrucciones o postulados que realizan una *'función'* –v. r. o llámese tarea, operación- muy particular, identificadas con un nombre seguido de la especificación de parámetros (argumentos) a través de variables o especificadores de tipo de datos entre paréntesis, los cuales pueden ser nulos o simplemente no haberlos, en caso de no requerirlos.

El Lenguaje C es tan flexible y potente que permite crear Funciones de Usuario e integrarlas en alguna biblioteca del sistema.

En cuanto a las capacidades o potencialidades del Lenguaje, ya se mencionó anteriormente, que el Lenguaje C se utilizó para desarrollar la mejor versión del Sistema Operativo **UNIX**; se utilizó para desarrollar Sistemas tan funcionales como el **Dbase** que, si bien sus primeras versiones no eran realmente una Base de Datos Relacional, las últimas sí podrían considerarse como tales, acercándose a **Sybase** o a **Oracle**.

En general se puede mencionar que su utilización es tan basta que incluye, no solamente el Desarrollo de Sistemas Operativos y Administradores de bases de datos, como ya se mencionó, incluye el desarrollo de Ensambladores, Intérpretes, Editores y Programas individuales de usuarios para propósito específico, entre muchas otras aplicaciones.

Respecto a las **versiones** del **Lenguaje C**, se tiene desde el **Quick C**, diferentes versiones de **Turbo C** y **Turbo C++** para **Borland**, **ANSI** y **MicroSoft**, **Builder C++**, **ANSI C**, el **ANSI C++**, **Visual C**, **Visual C++**, **C++** para **UNIX** y GNU/LINUX.

Se comentó que la **portabilidad** del Lenguaje **C** no se da en su totalidad. Depende de las versiones que se hayan utilizado para la creación del programa que, como se muestra en el apartado anterior, son muy diversas. De tal forma que para que un programa realice el mismo proceso habrá necesidad de hacer adecuaciones al código de acuerdo con la versión que se utilice, ya que algunas Bibliotecas cambian y algunas Funciones que se encuentran en una de ellas, en otra versión no se localiza porque se cambió a otra biblioteca o sencillamente no se integró en ninguna de ellas. Como muestra de lo dicho, se escribe a continuación un pequeño código de un programa cuya función es simplemente desplegar un texto en la pantalla del monitor, mostrado las diferencias que se presentan para **ANSI C** y **ANSI C++**:

Para **ANSI C**.

```
/* "Programa inicial" escrito en C */
#include <stdio.h>
#include <conio.h> int main()
{ printf( "¡Paren el mundo, me quiero bajar,...!" );
    getch();
}
```

Para **ANSI C++**.

```
/* "Programa Inicial" escrito en C++ */
#include <iostream>
using std::cout;
using std::endl;
  int main()
{   cout << "¡Paren el mundo, me quiero bajar,...!" << endl;
    return 0;
}
```

Como podrá observarse, el código de cada uno de estos programas cambia notoriamente. Nuestro texto se centra en la codificación basada en la sintaxis del **ANSI C**.

Analicemos algunas características del primer código:

/* "Programa inicial" escrito en C */	Todo texto encerrado entre los caracteres /* y */ se considera como un comentario, el cual servirá para hacer alguna anotación dentro del programa.
#include <stdio.h>	Instrucción que habilita la biblioteca que contiene las funciones prototipo estándares de entrada y salida (como la función **printf()**).
#include <conio.h>	Habilita la biblioteca complementaria que contiene funciones prototipo de entrada y salida de la Consola (como la función **getch()**).
int main()	La función **main()** Indica el inicio del programa.
{	Inicia el bloque de instrucciones propias del programa principal. Equivale a un 'begin'.
printf("¡Paren el mundo, me quiero bajar,...!");	Esta es una sintaxis de la función **printf()**, despliega en la pantalla el texto escrito entre comillas.
getch();	Función que recibe un caracter sin hacer eco, se utiliza, en este caso, para detener el proceso hasta que se presione la tecla de 'enter' y terminar el proceso y regresar al ámbito desde donde se ejecutó.
}	Indica el término del bloque de instrucciones del programa principal. Equivale al 'end' en otros lenguajes de programación.

Adicionalmente aclaro que el uso de los **()** –paréntesis- que sigue al nombre de una función, encierra, en forma opcional, una lista de argumentos acordes a la finalidad de la misma y reiteramos que el uso de las **{}** –llaves- indican el Inicio y Término de las instrucciones que conforman el cuerpo (conjunto de instrucciones) de una función, que dicho sea de paso, se puede tener anidamiento de Funciones.

PALABRAS RESERVADAS

Ahora bien, siguiendo con los datos introductorios respecto al Lenguaje C, he de mencionar lo que se conoce como **Palabras Clave** o **KeyWords**.

Todo Lenguaje de Programación tienen un conjunto de palabras clave (keywords) las cuales no deben ser utilizadas como identificadores o nombres de constantes, variables funciones, étc. Son identificadas y utilizadas por el sistema para indicarle al procesador que realice un proceso específico; pueden tener diferentes connotaciones: como operadores, funciones de programación, especificadores de tipos de datos, cláusulas de expresiones compuestas, entre otras. La tabla siguiente muestra una relación de **32 Palabras Clave del ANSI C**. Durante el desarrollo de la presente obra se identificará el significado de la mayoría de éstas.

auto	double	int	struct
break	else	long	switch
case	enum	register	typedef
char	extern	return	union
const	float	short	unsigned
continue	for	signed	void
default	goto	sizeof	volatile
Do	if	static	while

Se tienen 11 palabras adicionales del **C** extendido:

asm	_ds	huge	pascal
cded	_es	interruptl	_ss
_cs	Far	near	

Para el Lenguaje **C++**, se agregaron las siguientes Palabras Reservadas:

bool	friend	operator	tempate
catch	inline	private	this
class	new	protected	throw
delete	namespace	public	try
template			

TIPOS DE DATOS EN C

Como vimos en el esquema gráfico de la representación de una computadora en el primer capítulo, lo que se introduce a una computadora para ser procesados son Datos, los cuales una vez que las instrucciones de un programa le indican al procesador qué operación u operaciones (procesos) se aplicarán a éstos, hasta entonces, es cuándo podremos obtener una salida de Información relevante para la toma de decisiones. Esos *Datos* deben de cumplir con ciertas características para que puedan ser identificados por la computadora y ser procesados. Los datos pueden ser numéricos de diferentes tipos como lo indicaremos a continuación, para realizar procesos de cálculo, o bien alfanuméricos –como lo indica el nombre, estos datos pueden contener números, caracteres alfabéticos y símbolos especiales-, utilizados para procesos de identificación, clasificación u ordenamiento, entre otros; éstos últimos en el Lenguaje C, se conocen como datos tipo Carácter.

A continuación se muestran en tablas los Tipos de Datos que se reconocen en el Lenguaje C. En la primera tabla se muestran los diferentes tipos de datos numéricos que se usan en C.

Los datos tipo Carácter, como ya se mencionó, se utilizan para introducir datos alfanuméricos, como lo sería introducir los nombres de los alumnos en un campo alfanumérico del registro del archivo de datos de un determinado grupo, la dirección de su domicilio que incluiría nombre de la calle, el símbolo conocido como 'gato' (#) equivalente a especificar N° o número de la calle, el guion como separador, y un número.

Lo relevante de éste tipo de datos es que en **C**, pueden ser utilizados con signo positivo o negativo, lo cual es sorprendente ya que en otros Lenguajes de Programación esto se consideraría como una *aberración* debido a que la utilización de signos solo se considera para datos numéricos los cuales se procesan para cálculos de valor, es decir, que nos proporcionan después de un proceso, resultados que representan cantidades o magnitudes numéricas de valor, como lo sería el cálculo de salarios quincenales, brutos y líquidos, que percibirán los empleados de alguna empresa, sumando, multiplicando restando, dividiendo o elevando a una potencia, el salario diario que se perciba. Sin embargo, como todos los datos que se introducen al procesador pasan por un proceso de conversión, del lenguaje simbólico al lenguaje máquina, los datos tipo carácter tendrán una, finalmente, una representación numérica y, aunque Ud. no lo crea, se pueden hacer operaciones de cálculo con este tipo de datos. Ésta es la flexibilidad y potencialidad del Lenguaje C, única y muy propia.

Los datos tipo Numérico, pueden ser de 3 tipos diferentes:

Enteros (Int). Son aquellos que no contienen parte fraccional, solamente números enteros. Por omisión todos los datos se consideran con signo, incluyendo los datos tipo carácter. Para utilizar este tipo de datos en ciertos procesos particulares se podría especificar que sean considerados sin signo (positivo o negativo), lo cual se especifica en la declaración de los datos anteponiendo al tipo de dato la cláusula unsigned.

Todos los tipos de datos, como se muestra en la segunda tabla, utilizan un número determinado de Bytes para ser almacenados en memoria, pero se puede especificar al procesador que utilice más o menos bits para ciertos datos que se utilizarán para un proceso muy particular y, por un lado, utilizar menos memoria disminuyendo la cantidad de bits a utilizar o, por otro lado, quizás se requiera aumentar la cantidad de bits que tiene asignada el tipo de dato por así requerirlo el proceso. Para indicar estas modificaciones de aumento o disminución de bits, se agrega en la declaración de los datos la especificación de Short o Long como se muestra en la tabla.

De Punto Flotante (Float). Son los Números Reales que representan un valor entero con una parte fraccional (valores después del punto decimal) de décimas, centésimas, milésimas, etc., la mayoría de los procesos utilizan este tipo de datos.

De Doble Precisión (Double). Se utilizan cuando se presentan procesos en los que se requieran realizar operaciones numéricas de mayor precisión y utilizar notación científica para expresar cantidades astronómicas o micrométricas; muy raros casos se presentan de procesos en los que se requiera realizar operaciones cuyos resultados o cálculos requieran mucha mayor precisión, pero en caso de que se presenten, se pueden declarar datos con mayor precisión declarándolos como Long Double.

Tipo	Clase
Char	Signed Unsigned
Int	Short [int] Int
	Long [int]
	Unsigned Short [int] Unsigned
	Long [int]
Float	Float Double Long double

TIPOS DE DATOS Y RANGO.

La siguiente tabla muestra la cantidad de Bytes que requiere cada uno de los diferentes Tipos de Datos para ser introducidos y almacenados en la computadora una vez que han sido declarados como Variables o Constantes –elementos de los que hablaremos más adelante-; recuerde que un Byte se conforma de 8 bits y de acuerdo a lo que nos muestra la tabla, vemos que la cantidad de Bytes que requiere cada Tipo de Datos, desde el más básico hasta el de mayor precisión, se va duplicando en la cantidad de Bytes que requiere un determinado Tipo de Datos respecto al anterior. La columna correspondiente al Rango, indica la cantidad de caracteres o dígitos (según el tipo de dato especificado) que se pueden almacenar en los Bytes que requiere cada uno de los diferentes Tipos de Datos:

En el Char, si asignamos dígitos '1' en sus 7 primeros bits y reservamos el bit más significativo como bit de paridad o de especificación del signo, el valor que resulta, convertido a decimal, es precisamente el 127.

Para el Int, que requiere 2 bytes, de igual forma, si dejamos el bit más significativo para la especificación del signo, y los demás los asignamos con dígitos '1', el valor que representa en decimal es (acertó), el número 32767.

Haciendo caso a la lógica y siguiendo el procedimiento mencionado de asignar dígitos 1 a todos los bits excepto al más significativo, nos mostrará el rango de datos que se pueden representar en cada uno de los distintos Tipos de Datos.

Tipo	Numero de bits	Rango
Char	8	127 a -128
Int	16 (ó 32 s/Arq.)	32767 a -32768
Float	32	3.4E-38 a 3.4E38
Double	64	1.7E-308 a 1.7E308
		12 dígitos de precisión
Void	0	cero.

MODIFICADORES DE TIPO

Como lo vimos en la primera tabla del Tipo de Datos, reiteramos que existen 3 modificadores de Tipo que, de acuerdo a la necesidad que se tengan, se aplicarán y son: **long, short y unsigned**.

Por defecto son **signados**, lo que implicaría que se les podrían aplicar el modificador **unsigned**.

El modificador **short,** se aplica únicamente al tipo **int**, reduciendo con esto el rango, siendo este de entre 0 a 255, como ya lo mencionamos anteriormente.

El modificador **long,** que es aplicable tanto al Tipo Int como a **double** extendiendo su rango a 80 bits.

De tal forma que la modificación de algunos Tipos de Datos se realizara de acuerdo a las necesidades de cálculo que tenga que ejecutar algún proceso en particular.

DECLARACIÓN DE VARIABLES Y CONSTANTES

Estos Elementos del Lenguaje C son los que recibirán y almacenarán en la memoria del procesador los Datos a ser procesados. Deben ser *declaradas* inicialmente antes de ser invocados o utilizados para que se almacenen, en ellas, los Datos que requiera algún programa en particular y posteriormente ser referenciados para poder usar los datos que se le almacenaron y realizar algún cálculo o proceso en general y que los resultados que se generen sean almacenados en otras variables para poder *desplegar* o *imprimir* los resultados o información generada.

Cuando se *declara* uno de estos elementos, el sistema le asigna una *dirección de memoria* reservando la cantidad de Bytes que tiene registrado cada Tipo de Dato, de acuerdo con lo indicado en la tabla anterior: Char = 1, Int=2 ó 4 (según Arquitectura), Float=4 y Double=8. El sistema conserva la dirección de la localidad de memoria asignada, de tal forma que cuando se le hace una solicitud de acceder el contenido almacenado en alguna de las variables declaradas, al referenciarla solamente por su nombre, el sistema se encargará de ir a la dirección de la localidad de memoria que asignó, para proporcionar el dato solicitado, para el programador es transparente el conocimiento de esa dirección.

Respecto al uso de cada uno de estos elementos y de acuerdo a como lo indican sus respectivos nombres, una Variable será aquella cuyos datos almacenados en ella, pueden cambiar su contenido durante el proceso del programa; una Constante, en cambio, contendrá un dato que no se modificará durante el proceso, por ejemplo, si guardamos el valor de una constante declarada con el nombre Pi como 3.141592, siempre que -durante el proceso- hagamos referencia a la *Constante* que se le llamo Pi, su contenido será el mismo, nunca variará.

NOMBRE DE LAS VARIABLES Y CONSTANTES

En forma estandarizada, los nombres de las Variables y Constantes no deben ser palabras reservadas. Pueden ser formados por letras, dígitos y el guion bajo, cuyo primer carácter debe ser una letra y puede estar formado hasta con 32 caracteres, sin embargo, manejar nombres tan largos haría un tanto fastidioso tener que estar identificando nombres de variables y constantes con nombres muy largos de hasta 32 caracteres. Aunque quizás, en programas complejos que utilizarán muchas variables cuyos nombres tienen que ser muy similares, puede ser conveniente agregar un guión bajo y un *calificativo* (algunos caracteres adicionales que diferencie el dato que contiene una determinada variable respecto al de otra de las variables que contenga un dato similar, por ejemplo: *salario_min_ant* y *salario_min_act*).

El lenguaje **C** es sensitivo al tamaño de letra, es decir, si el nombre está escrito exclusivamente con mayúsculas, solo minúsculas o con una mezcla de ambos tamaños de letras. Los siguientes tres nombres de variables son diferentes para **C**: **VAR, var, Var**.

EJEMPLOS DE DECLARACIÓN VARIABLES.

char a;   declara una variable denominada 'a' y reserva un espacio de memoria de 8 bits

int b;   declara una variable denominada 'b' y reserva un espacio de memoria de 16 ó 32 bits

float c;   declara una variable denominada 'c' y reserva un espacio de memoria de 32 bits.

double d;   declara una variable denominada 'd' y reserva un espacio de memoria de 64 bits.

Este ejemplo nos da la pauta para comentar que la codificación o captura de las instrucciones de un programa (la sintaxis que deben seguir estas instrucciones), en general, deben de ser escritas con *minúsculas*; independientemente de que el nombre de las Variables y/o Constantes se hayan escrito con mayúsculas. En las Tablas mostradas anteriormente, los nombres de los Tipos de Datos están escritos con su letra inicial en mayúscula, pero esto es solamente para fines de la presentación en la tabla, dichos nombres, realmente, deben ser escritos con todas sus letras en minúsculas, tal y como se muestra en el ejemplo anterior.

TIPOS DE CONSTANTES

Los elementos conocidos como *Constantes*, de igual forma como aplica a las Variables, pueden ser de cualquier Tipo de Datos: **Char**, **Int**, **Float** y **Double**, con la diferenciación que, como ya lo comentamos, los datos de las Constantes no varían.

La declaración de los datos que serán considerados como *Constantes*, se pueden realizar de 2 formas: utilizando la especificación **'#define'** o bien, explícitamente, anteponiendo la cláusula '**const**'.

En el primer caso, se está realmente creando una expresión para declarar un dato con un nombre y un valor, el cual no variara durante el proceso; la sintaxis a utilizar para declarar la *constante* es **#define <nombre> <valor>**, v.g.:

#define PI 3.141592

Esta forma de declarar una *Constante*, tiene sus bemoles sobre todo cuando se utiliza la sintaxis propia para el C++ ANSI, como es el caso de:

cout << "El valor a considerar de Pi es: " << Pi << endl;

el compilador al tratar de ejecutar la parte final del postulado correspondiente al último operador de salida para el salto de línea (<< endl;), indicará que hay error, debido a que 'Pi' se generó como una *expresión* y no se especificó, realmente, como una *Constante*.

En el segundo caso, se pueden declarar las *Constantes* en forma explícita como ya lo hemos comentado, evitando el problema que se presenta cuando se define un dato con la declarativa *#define*, como se mencionó en el párrafo anterior. La forma de diferenciar entre la declarativa de una *variable* respecto a una *constante*, se realiza por medio de anteponer a la declarativa de una constante la cláusula '**const'**, v.g.:

const float Pi=3.141592;

En la siguiente tabla se muestran algunos ejemplos de datos que se podrían almacenar en las *Constantes* dependiendo del Tipo de datos de que se trate:

TIPO	CLASE
Int	Decimal
	Octal
	Hexadecimal
Float	Double
Char	De acuerdo a la tabla ASCII
String	Arreglo o conjunto de caracteres

DECLARACIÓN DE CONSTANTES

- **Char** (Caracter)

  o Escritas como caracteres encerrados entre apostrofes: 'A', 'a'.
  o Será el valor numérico del carácter almacenado
  o Pueden ser usadas en operaciones aritméticas.

- **Integer** (entero)

  o Decimal
  263
  194
  o Octal
  007
  777
  o Hexadecimal
  0x95E3
  0xff23F
  o Long
  263l   -194l   (las letras pueden ser minúsculas
  0071L -0777L   o mayúsculas).
  0xa95E31   -0xff23FL

- **Floating point** (punto flotante o real), Pueden ser escritas:

  .00034
  3el 1.0E-3

Estas siempre serán de *doble precisión*.

Podemos reiterar dos aspectos importantes a recordar y, mencionar tres más muy propios del Lenguaje **C**:

- Una declaración de datos es la especificación de un tipo de datos asociado con un nombre.
- Las *variables* y *constantes* deben ser declaradas antes de usarse.
- Los tipos de datos pueden convertirse -con posible redondeo- explícitamente usando el concepto de *casting*.
- Las *variables* y *constantes* podrán ser inicializadas cuando se definen.
- ¡¡Es posible realizar operaciones aritméticas entre diferentes tipos de datos, incluyendo datos tipo carácter!!

CONVERSIONES DEL TIPO DE DATOS

REGLAS DE CONVERSIÓN

1. En cualquier expresión, si alguno de los tipos es **long double**, el otro es convertido a long double y este será el tipo del resultado antes de que cualquier operación sea hecha.

2. De otra manera, si algún operando es **doble**, entonces el otro es convertido a doble, y este será el tipo del resultado.

3. De otra forma, si algún operando es **float**, el otro será convertido a **float**, y este será el tipo del resultado.

4. Si alguno de los operandos es un **unsigned long int**, el otro será convertido a **unsigned long int**, y este será el tipo del resultado.

5. Si alguno de los operandos es **long int**, el otro será convertido a **long int** y este será el tipo del resultado.

6. Caso contrario si alguno de los operandos es **short, o char**, el tipo es convertido a **int**, así, si el operando es **unsigned int**, entonces el otro es convertido a **unsigned int**, y éste será el tipo del resultado.

7. En su caso dado, ambos operandos deberán de ser del tipo **int**, para que el resultado sea del tipo **int**.

NOTA: Al efectuar operaciones, **C** podrá automáticamente cambiar un tipo de menor cantidad de bits a un tipo con mayor cantidad de bits pero no lo hace en viceversa.

POSTULADOS

En la codificación de un programa en C, normalmente se escribe una *instrucción* en cada línea del editor para que haya mayor claridad y facilidad en el seguimiento de la lógica de programación. Sin embargo, se podrían escribir varias instrucciones en una misma línea –separadas por una coma- hasta agotar el límite de 256 caracteres, delimitada por el símbolo *semicolon* (**;**). Esta línea de Instrucciones recibe el nombre de **Postulado**. Si bien es factible utilizar los 256 caracteres en un *postulado*, no es muy funcional hacerlo ya que la claridad del programa en cuestión se volvería algo confusa y tediosa (cuestión de estilos); pero sí podrían escribirse 2 o 3 instrucciones afines para no tener codificaciones muy extensas, como sería, por ejemplo, ubicar el cursor en alguna coordenada específica a través de la función **gotoxy**(), seguida de la función **printf**() para el desplegado de algún texto, de tal forma que si se tuvieran que desplegar 6 textos en la pantalla en líneas diferentes, no sería necesario escribir las instrucciones utilizando 12 líneas de codificación.

Ejemplo:

a= a* b, c = t + y + x* 2, f = 34 * j + 2 * K;

...

gotoxy(5,25), printf("Dame el valor del Límite Inferior: ");

OPERADORES DEL C ANSI.

Un operador es un elemento del lenguaje que se aplica a uno o varios operandos en una expresión o instrucción. Los operadores que requieren un operando, como el operador de incremento se conocen como *operadores unarios*. Los operadores que requieren dos operandos, como los operadores aritméticos (**+, -, *, /**) se conocen como *operadores binarios*.

En el lenguaje C, se tiene una amplia gama de operadores los que nos permiten ejecutar procesos muy particulares propios del Lenguaje C, ampliando la potencialidad del mismo, como lo iremos desglosando. Los Operadores se clasifican en 7 grupos, a saber:

Aritméticos.	**Asignación.**
Lógicos.	**Especiales.**
Relacionales.	**De memoria.**
Bitwise.	

OPERADORES ARITMÉTICOS

+	Adición.
-	Sustracción.
*	Multiplicación.
/	División.
%	Módulo.
-	Menos unario.
++	Incremento.
--	Decremento.

Como lo indica la clasificación de este grupo de operadores, éstos nos permiten realizar cálculos u operaciones aritméticas que sean requeridos para algún proceso en particular. Los símbolos asociados a cada operador aritmético indican el cálculo a realizar. Por convención se han estandarizado los cálculos que serán realizados de acuerdo con el símbolo utilizado; la aplicación de los primeros cuatro mostrados, son de dominio popular. El *operador módulo*, en una operación de división, nos proporciona el valor conocido como *residuo* de esta, a diferencia del *cociente*, que es el valor resultado del *operador de división*.

Los siguientes tres operadores se conocen como operadores *Unarios*, son el *Menos unario*, el operador *Incremento* y el operador *Decremento*. Reciben el nombre de *unarios*, debido a que solo necesitan de un operando para funcionar produciendo un nuevo.

El *Menos unario*, se utiliza para modificar el signo asociado a una *variable* o *constante*. Por omisión, cuando se declaran estos elementos, se asumen que están signados positivamente.

Los operadores de *Incremento* de *Decremento*, se pueden utilizar ejecutando su función *a priori* o *a posteriori*, es decir, incrementando o decrementando –unitariamente- el valor numérico de una variable o constante, dependiendo de si el operador se escribe *antes* o *después* del operando asociado.

Por omisión los *Incrementos* o *Decrementos*, son de una unidad, sin embargo, es factible especificar que éstos sean de más o menos de la unidad.

Así, por ejemplo, la operación **x = x + 1**, equivale, utilizando el operador de incremento, a **x++**; en forma similar, la operación **x = x – 1**, equivale a **x--**

Sí, es correcta y oportuna la pregunta que muchos de Uds. que no conocían el lenguaje C, hacen:

¿y el operador aritmético que utilizan otros lenguajes de Programación para elevar un número a una **potencia**, cuyo símbolo puede ser una pequeña flecha señalando hacia arriba, el circunflejo o el doble carácter del asterisco, dónde quedó, cuál es el operador correspondiente? Pues nó, no lo hay, no existe. No obstante y, como ya lo he mencionado en un apartado anterior, todo en C está hecho a base de funciones, de forma tal que, acertó!: la omisión del operador en cuestión, se sustituyó por la creación de una Función prototipo denominada '**pow()**', contenida en la biblioteca **Math.h**. Ésta '*supuesta*' omisión tal parece que fue hecha con todo propósito para mostrar precisamente las potencialidades del C y mostrar lo fácil que es sustituir o crear un elemento requerido por medio de una función prototipo. De igual forma se pueden crear Funciones de Usuario y agregarlas a una biblioteca o como archivos cabecera.

Ejemplos:

Como he mencionado, la operación **Módulo** calcula el **Residuo** de una **división**, lo cual es necesario para ciertos procesos, como podría serlo el cálculo de Máximo Común Divisor, proceso cuya lógica la veremos más adelante. De tal forma que, si dividiéramos 1/3, 2/3 o 3/3, para conocer el residuo que se genera para cada cálculo tendremos que generarlo por medio de la operación de Módulo. El resultado del cálculo de los Residuos para los operandos anteriormente mencionados, tendremos:

$$1 \% 3 = 1$$
$$2 \% 3 = 2$$
$$3 \% 3 = 0$$

Con los Operadores Unarios, para el Menos Unario:

```
int a = 5;
a = -a;        // el contenido de 'a' será el valor de -5 *
```

Es importante mencionar que los caracteres simbólicos utilizados para identificar una operación realizada por algún *Operador* de **C**, se puede utilizar para diferentes tipos de operadores o, en su caso, para especificar o definir un tipo de dato o algún otro elemento, por ejemplo, el símbolo del '%' de la operación módulo, se utiliza también para especificar un Tipo de Dato –v.g.: scanf("%f", PI); –. Lo mismo sucede con el símbolo del asterisco '*', que se utiliza como operador aritmético y se emplea también como operador de Memoria; la diferenciación para conocer cómo se está utilizando, estriba en su contextualización, por ejemplo: **a = b * c**; y en el otro contexto: podría ser: **float a=7.33, b=3.1, *A;** de tal forma que no hay posibilidad de confusión revisando la contextualización.

Respecto a los operadores de *Incremento* y *Decremento*, analicemos su funcionamiento:

```
...
char x, y;                      char x, y;
x=10;                           x=10;
y=++x; /* incrementa y luego    y=x++;   /* asigna y luego
...         asigna */           ...        incrementa */
```

En memoria los datos estarían almacenados:

x	y
10	
11	11

x	y
10	10
11	

Abundando en este tema:

```
...
x = 1;
```

//Con el operador de Incremento:

y = ++x, printf("x = %d, y = %d\n",x,y);   // 'X' es ahora 2, 'Y' es también 2
y = x++, printf("x = %d, y = %d\n",x,y);   // 'X' es ahora 3, 'Y' es 2

// Con el operador de Decremento:

x = 3;
y = x--, printf("x = %d, y = %d\n",x,y);   // 'X' es ahora 2, 'Y' es 3
y = --x, printf("x = %d, y = %d",x,y);   // 'X' es ahora 1, 'Y' es también 1

En memoria después de los Incrementos:

X	y
1	
2	2
3	2

En memoria después de los Decrementos:

x	y
3	
2	3
1	1

OPERADORES LÓGICOS

Los operadores lógicos trabajan con valores y producen un resultado *booleano* (C no tiene operadores booleanos): si en una evaluación, el resultado es diferente de cero, el condicional será positivo o verdadero, y si el resultado es igual a cero, el condicional será negativo o falso.

Los operadores lógicos son tres, dos de ellos son binarios y el último (negación) es unario:

        &&   And
        || Or inclusivo
        !   Negación o complemento

Si se analiza la tabla de verdad de cada operador mencionado, se verá que para 'and' y 'or', se podrán comparar tantas entidades como se deseen, y después de evaluarlas se podrán negar. Es importante saber que el operador **and** reacciona a los ceros, es decir basta una entidad que sea negativa o cero para que el condicional sea **cero**, y el operador **or**, reacciona a los unos o verdades, ya que basta que una entidad sea verdad para que el condicional sea positivo, veámoslo en la siguiente tabla:

SI 'X' ES:	SI 'Y' ES:	X && Y	X || Y	!X
0 (FALSO)	0 (FALSO)	0 (FALSO)	0 (FALSO)	1 (CIERTO)
0 (FALSO)	1 (CIERTO)	0 (FALSO)	1 (CIERTO)	1 (CIERTO)
1 (CIERTO)	0 (FALSO)	0 (FALSO)	1 (CIERTO)	0 (FALSO)
1 (CIERTO)	1 (CIERTO)	1 (CIERTO)	1 (CIERTO)	0 (FALSO)

OPERADORES RELACIONALES

Los operadores *relacionales*, se utilizan para comprobar la *veracidad* o *falsedad* de determinadas **relaciones de comparación**. Las expresiones relacionales aceptan diversos tipos de argumentos que al ser evaluadas producen, también, un resultado *booleano*: **si la propuesta es *cierta*** -un valor distinto de cero-, el **resultado** también es *cierto*; si la **propuesta** resultara *falsa* el **resultado** sería *falso* (cero). **C** tiene de los siguientes operadores relacionales:

==	Igual o equivalente
!=	Diferente a
<	Menor que
>	Mayor que
<=	Menor o Igual.
>=	Mayor o Igual

Si estableciéramos la Relación mostrada en la siguiente tabla, el resultado que obtendríamos se muestra en la tercera columna:

OPERADOR	RELACIÓN SI A=7 Y B=13	RESULTADO
==	A == B	0 (FALSO)
!=	A != B	1(CIERTO)
<	A < B	1(CIERTO)
>	A > B	0 (FALSO)
<=	A <= B	1(CIERTO)
>=	A >= B	0 (FALSO)

OPERADORES BITWISE

Estos operadores trabajan a nivel de bits (con un solo operando), sus dos primeros operadores mostrados, son equivalentes a los operadores lógicos, requieren dos operandos/bits, el resto, solo uno.

&	And
|	Or
^	Or exclusiva (xor)
~	Complemento a uno
»	Desplazamiento de bits a la derecha
«	Desplazamiento de bits a la izquierda

Este tipo de operadores requiere operandos -expresados con dígitos 0 y 1- de tipo entero (en cualquiera de sus variantes; short, long, étc.). Si los operandos no son enteros el compilador realiza la conversión pertinente, por lo que el resultado es siempre un entero del mismo tipo que los operandos.

Los operadores **AND**, **XOR** y **OR** se conocen como asociativos toda vez que presentan la propiedad conmutativa, por lo que el orden de colocación de sus operandos, es (hasta cierto punto) irrelevante.

El operador de *Complemento* (~), invierte el valor de los **bits 0** a **1** y los **bits 1** los convierte a **0**. Esta funcionalidad del operador es similar a la cláusula 'compl',* sin embargo, esta palabra reservada puede no tener soporte o no estar activada por lo que se recomienda utilizar preferentemente el operador.

OPERADORES DE ASIGNACIÓN

Este tipo de operadores permiten la asignación de un valor específico a una variable. Son operadores *binarios*, de los cuales el operador '=' es el único de *asignación simple*, los demás son operadores de asignación *compuestos*, puesto que están conformados por más de un símbolo, por ejemplo '+=' se compone del operador '+' y el operador '='.

Estos operadores son llamados *short hands*, esto se debe a que **C**, proporciona una manera elegante de poner ciertas expresiones, y de manera genérica se puede mencionar que el signo igual asigna el operando de la derecha a la dirección de la localidad reservada en su declaración, del operando de la izquierda.

La siguiente tabla muestra los diferentes tipos de operadores que conforman a este grupo. Los seis primeros aceptan operandos de distinto tipo, mientras que los cinco últimos: <<=, >>=, &=, |= y ^=, implican manejo de bits, por lo que sus operandos deben ser del tipo numérico **int** en sus distintas variantes.

Operador	Acción	Ejemplo	Resultado
		Sí	
=	Asignación Básica	X = 8	X vale 8
*=	Asigna Producto	X *= 5	X vale 40
/=	Asigna División	X /= 2	X vale 4
+=	Asigna Suma	X += 4	X vale 12
-=	Asigna Resta	X -= 1	X vale 7
%=	Asigna Modulo	X %= 4	X vale 0
<<=	Asigna Desplazamiento Izquierda	X <<= 1	X vale 16
>>=	Asigna Desplazamiento Derecha	X >>= 1	X vale 4
&=	Asigna AND entre Bits	X &= 1	X vale 0
|=	Asigna OR entre Bits	X |= 1	X vale 9
^=	Asigna XOR entre Bits	X ^= 1	X vale 9

Ejemplos:

char a;	equivalente a	char a;
a=10;		a=10;
a=a+2;		a+=2;
a=a -2;		a-=2;
a=a*2;		a*= 2;
a=a»1;		a»=1;

❖ https://docs.microsoft.com/es-es/cpp/c-runtime-library/reference/compl

OPERADORES ESPECIALES

Dentro de estos 'operadores' está la **coma** y el **semicolon** (punto y coma), los cuales fueron mencionados con anterioridad. El utilizar el término operador para referenciar a estos caracteres o símbolos, está entre dicho ya que el primero se utiliza como separador de una lista de elementos o instrucciones en los postulados y como parte de la sintaxis para las funciones y descripción de los argumentos de estas. El semi colon, es parte de la sintaxis de todo postulado o término de una instrucción en el código de todo programa, si omitimos terminar una instrucción escribiendo al final el semi colon (cuando deba llevarlo), al momento de compilar el programa marcaría un error.

Operador coma ','   **Operador punto y coma ';'**

OPERADORES DE MEMORIA

Estos operadores se utilizan para definir los llamados *'punteros'* o **apuntadores**. Funcionan en el lenguaje **C** a nivel de memoria y además, en estos, está basado la potencia de programación de este lenguaje.

    &   Operador de *Direccionamiento* de memoria.

    *   Operador de *Indirección*.

Si se tiene el siguiente programa:

```
#include <stdio.h>
#include <conio.h> main()
{
        char *p;        // declaro una variable del tipo de apuntador
        int a, b;
        a = *p;         // a la variable a, le asigno el contenido de
                        la dirección de la variable p
        b = &p;         // a la variable b, le asigno la dirección de la
                        variable p
}
```

PRECEDENCIA Y ORDEN DE EVALUACIÓN

Esto indica la precedencia, orden de evaluación y asociatividad de los operadores, si algunas tienen el mismo valor de precedencia, la evaluación se realizará de izquierda a derecha, lo cual es importante conocerla para poder estructurar expresiones de cálculo con la sintaxis correcta para obtener resultados correctos.

En una expresión de cálculo que implique varias operaciones a realizar, normalmente el compilador ejecutaría las operaciones involucradas, de izquierda a derecha pero, si hay varios operadores de diferentes jerarquía de ejecución (**+, -, /, ***), realizaría primero las operaciones de mayor jerarquía (**/, ***) y posteriormente las de menor jerarquía (+,-), siempre de izquierda a derecha.

La utilización de los operadores de *paréntesis* permite agrupar operaciones que aumentará el orden de su ejecución, aun siendo operaciones que incluyan operadores de menor jerarquía de ejecución en la expresión. Por ejemplo, si desea ejecutar el cálculo de A = $\frac{5+3}{4}$, si se introduce la expresión como: 5 + 3/4, se obtendría como resultado: A=5.75, que sería un resultado erróneo ya que no es el cálculo que deseábamos; debería introducirse como A=(5+3)/4, lo que nos da el resultado correcto: A=2.

Los operadores son listados en la siguiente tabla de acuerdo a su precedencia, del más alto al más bajo.

OPERADOR	ASOCIATIVIDAD
() [] ->	Izq. a Der.
¡ ~ ++ (cast) & + - * sizeof	Der a Izq.
* / %	Izq. a Der.
+ -	Izq. a Der
"»	Izq. a Der
< <= > >=	Izq. A Der
== !=	Izq. A Der
&	Izq. A Der
^	Izq. A Der
|	Izq. A Der
&&	Izq. A Der
||	Izq. A Der
? ;	Der a Izq.
= += -= &= *= /= %= ^= |= «= »=	Der a Izq.
,	Izq. A Der

CARACTER DE CONTINUACIÓN

Además de los caracteres, símbolos u operadores mostrados, se tiene otro más que se utiliza para imprimir o desplegar (printf()) una cadena de caracteres muy larga que se tenga entre las comillas, lo que requerirá más de una línea para desplegar su texto, se le denomina *carácter de continuación*, el cual es la diagonal invertida '\'.

Por ejemplo, una línea de programa que usa el caracter de continuación para imprimir una cadena larga:

```
printf("Esta cadena es demasiado larga para\
escribirse en una sola línea, se necesita usar el \
caracter de continuación.");
```

Este mismo carácter poscedido de otro (una letra u otro carácter) se utiliza para dar formato a la información a desplegar en la pantalla de salida, estas secuencias son conocidas como **secuencias de escape**:

\a	Alarma audible (beep)
\v	Tabulador vertical.
\t	Tabulador horizontal
\n	New line
\b	Backspace.
\r	Carriage return
\f	Form feed.
\'	Imprime un apóstrofe
\"	Imprime dobles comillas
\\	Imprime una diagonal inversa
\?	Imprime un ?

CONCEPTO DE CASTING

Este término se puede traducir por lo que hace, es decir este término nos indica que, al aplicarlo, forzará una conversión de tipo, es decir, es un tipo de conversión explicita.

El valor del operando es convertido al tipo nombrado entre paréntesis (nombre del tipo de operando).

Ejemplo:

```
#include <stdio.h>
#include <conio.h>
main()
{
char c;
int i;
float f;
double d;
d=( double )( *f(float)(i+(int)c ) );
}
```

FUNCIONES

Recordemos que en C todo está hecho a base de Funciones, que inclusive en las primeras líneas de todo programa, se indica el inicio del mismo por medio de especificar la Función Main().

En términos generales y técnicos una **Función** es un conjunto de instrucciones que realiza una operación, tarea, proceso o función (v.r.), muy específica, que se agrupan e identifican en su conjunto, con un nombre y que pueden utilizar, o no, parámetros conocidos con el nombre de *argumentos*. El C ANSI tiene un gran número de Funciones predefinidas, conocidas como **Funciones Prototipo**, integradas en lo que se denominan **Funciones de Biblioteca**. Estas funciones se agrupan en archivos *'contenedores'* que normalmente se identifican con la extensión **.L IB**, abreviación de su denominación **LIBRARY** y, otras con la extensión **.H**, letra inicial de su denominación **HEADER**, que son las primeras que se especifican en un programa en C. En un apartado posterior desglosaremos las bibliotecas que tiene C y las funciones prototipo que incluyen cada una de esas bibliotecas o archivos **.LIB** o **.H**.

En paralelo podemos desarrollar nuestras propias funciones para realizar procesos específicos de acuerdo con nuestras necesidades para un determinado programa y, grabarlas -en caso de que se pueda utilizar posteriormente en cualquier otro programa que requiera ejecutar el mismo proceso que tiene programada esta función- en una biblioteca propia, con extensión **.h** generalmente. Estas reciben –lógicamente- la denominación de **Funciones Definidas por el Usuario**.

La finalidad del uso de funciones es para poder desarrollar Programas **Modulares** que permitan mostrar mayor claridad en el seguimiento de la lógica de un determinado programa y que se pueda analizar cada módulo para, o bien, entender el proceso general de un determinado programa, o para identificar algún posible error que se haya presentado en la aplicación de la lógica.

Para poder utilizar una Función propia de C, debemos especificar al inicio del programa la biblioteca (archivo header .H) que contiene esa Función Prototipo y si requiere de algún dato como argumento, proporcionarlo. En caso de que se requiera crear una Función del Usuario en particular, primero debemos (como requisitos indispensables), *Declararla* y posteriormente *Definirla*, de acuerdo con la estructura que debe observar todo programa, como se mostró al inicio del capítulo.

DECLARACIÓN DE UNA FUNCIÓN.

La finalidad de la **Declaración** de una **Función** es indicarle al compilador que se va a utilizar una *Función de Usuario* identificándola con un **nombre, sus *parámetros* y el *tipo de Datos* que contendrá**. No todas las funciones requieren de la especificación de parámetros o argumentos y, en consecuencia, de indicar el tipo de datos ya que puede tratarse solamente de una rutina de impresión que no desplegará valor numérico alguno; en estos casos, cuando una función no tiene argumentos y que no regresa nada, el tipo de función se declara *void*, v.g.: **void Imprime();**. Si en la declaración o en la definición de una función no se especifica el tipo de dato de retorno, el compilador asume que devuelve un valor de *tipo int*.

La sintaxis que debe tener la sentencia que Declara una función es:

> **<esp. Tipo de dato> <nombre de la función>([<esp. tipo de dato del param.1>**
> **<nombre de var.>]**, [[<esp. tipo de dato del **param.2**> <nombre de var.>], ...[]]);

Ejemplo:

> **float FUN1(float k);**

DEFINICIÓN DE UNA FUNCIÓN

Una vez declarada la Función en cuestión, debe Definirse. La **Definición** de un Función es una proposición mediante la cual trata de exponer de manera unívoca y con precisión las instrucciones que ejecutarán el proceso que tienen asignado. Consta de dos partes, el *encabezado* y el *cuerpo de la función*. En el **encabezado** de la función, al igual que en la **declaración** de ésta, se tienen que *especificar los parámetros o argumentos* de la función –en caso de requerirlos- así como y el tipo de datos que utilizará, mientras que *el cuerpo* se compone de las *instrucciones necesarias* para realizar la tarea para la cual se crea la función. Estas sentencias o instrucciones, en su conjunto, conforman lo que se conoce como la **Función Prototipo**.

Las funciones prototipo pueden estar codificadas solamente en un determinado programa para utilizarse en el mismo, pero podrían integrarse en una biblioteca –archivo Header- para que puedan ser utilizadas en otros programas. El Lenguaje **C** permite la *anidación* de Funciones (lógico, como todo en C funciona a base de Funciones), así como la *Recursividad* (una Función puede llamarse a sí misma), ambos aspectos los veremos en ejemplos que se verán en párrafos posteriores.

La sintaxis para codificar la **Definición** de la **Función** de **Usuario** es:

```
<rep. sent. declar.>
{
  sent. 1;
  sent. 2;
  …,
  sent. n; [return();]
}
```

En donde: *<rep. sent. declar.>*, es repetir la sentencia escrita en la declaración de la función, sin terminar con el semicolon:

<esp. Tipo de dato> <nombre de la función>([<esp. tipo de dato del param.1>
<nombre de var.>], [[<esp. tipo de dato del **param.2**> <nombre de var.>],…[]])

sent. 1, indica la escritura de la primera de las sentencias del cuerpo de la función. *sent. 2*, indica la escritura de la segunda de las sentencias del cuerpo de la función. *sent. n*, indica la escritura de la enésima de las sentencias del cuerpo de la función. [*return();*], opcionalmente, retornará un valor en caso de que sea requerido.

Ejemplo:

```
float fun(float k)
{
  k = -pow(k,2) + 5;
  return(k);
}
```

La ejecución de las funciones se realiza *invocándola* (llamarla o nombrarla para su ejecución) por su nombre en el instante que se le requiera, dentro del contexto del proceso del programa, pasándole –en caso de así requerirlo- los parámetros o datos que necesite la misma para funcionar. Cuando se le invoca, se ejecutarán todas las instrucciones que conforman el cuerpo de la Función, y al terminar, el procesador regresa el control de ejecución del programa, a la siguiente instrucción que se encuentre después de la del llamado a la mismas, o a la misma en caso de que se trate de hacer una asignación del resultado calculado.

PASO DE PARÁMETROS

Comentamos que al invocarse una función se transmiten los datos conocidos como *parámetros*, para que la función realice la tarea diseñada, estos reciben la denominación de **formales** y *actuales (reales)*. Se les llaman *Formales* a los parámetros *especificados en la Definición* de la función creada, y actuales, a los especificados en la *llamada* a ejecución de la función.

PASO POR REFERENCIA

Los Parámetros pueden ser clasificados como de **Entrada**, de **Salida** (de retorno) y de **ambos sentidos**; esta clasificación es muy obvia, la primera corresponde a la llamada de una Función Definida, la segunda cuando obtenemos un resultado de retorno y la tercera es la que posiblemente no quede muy clara, analicemos lo siguiente: yo le llamo parámetro **comodín** por lo siguiente: aplicando esta clasificación a los ejemplos dados anteriormente respecto a la declaración y definición de una función, observará que se definió una Función matemática -una parábola cóncava-; para calcular el valor de la **Ordenada ('Y')** de un determinado punto, se pasa el valor de **la abscisa ('X')**, por lo que, cuando se llama a la función, se le pasa el valor de 'X' –variable independiente- por medio de la variable comodín 'k', la función hace el cálculo correspondiente -de acuerdo a la expresión de la función definida- y regresará el valor de 'Y' –variable dependiente- en la misma variable comodín. De esta forma 'k' se personaliza como 'x' cuando lleva un valor y posteriormente como 'y' cuando regresa el valor calculado. A la utilización de una variable para paso de valores se le llama *Paso por Referencia*.

PASO POR VALOR

Como su nombre lo indica, pasa valores de los parámetros o argumentos, a la función definida, en forma directa sin utilizar una variable de por medio; se ejecuta el proceso programado, pero no habrá valor alguno de retorno ya que, tan luego se ejecute la función, se borrará el valor calculado (en caso de que la función realice un cálculo aritmético).

LA SENTENCIA 'RETURN'

Se utiliza con el uso de las Funciones de Usuario, como el nombre lo indica regresa el control del programa a la sentencia que invocó la ejecución de la función. Puede haber una o más sentencias de retorno, dependiendo del proceso involucrado en la función. Es opcional su inclusión en caso de que la función no regrese ningún valor o resultado; cuando sí hay un resultado a retornar se utilizan paréntesis para incorporar la o las variables que contienen el resultado calculado.

Formato genérico:
      return [(<*expresión opcional*>**)];**
Uso:

- Fuerza la terminación de una función

- Regresa el control a la llamada de la función.

- Si esta contiene una expresión, regresa el resultado de la expresión a la llamada de la función.

- El resultado de la expresión debe ser del mismo tipo que el tipo de la función o debe ser capaz de aceptar el **cast** al tipo de la función.

- La función puede o no tener sentencias de **return**, o bien, puede tener más de uno.

- Si la sentencia **return**, no está presente, el control es retornado a la sentencia de donde se le llamó, cuando se encuentre el final de la Función (**}**).

Ejemplo de cuando se tienen dos sentencias *return* en una función:

```
double valor-absoluto (double x)
{
   if(x >= 0.0)
      return (x);
   else
      return (-x);
}
```

Ejemplo del uso de una función que modifica los valores iniciales de las variables involucradas. Observe la tabla que simula localidades de memoria asignadas a las variables declaradas y vea la simulación (pruebas de escritorio) de cómo cambian los valores de las variables conforme se ejecutan las instrucciones:

```
#include <stdio.h>
#include <conio.h>
int cambialo(int k);
int main()
{int i=3, j;
  printf("i = %d antes de cambiarlo \n", i);
  j = cambialo(i);
  printf ("i = %d, j = %d después de cambiarlo \n", i, j);
  getch();
}
int cambialo(int k)
{ printf(" k= %d \n", k);
  k +=21;
return(k);
}
```

i	j	k	Salida
3			
			i=3
	24		
			i=3, j=24
		3	
			k=3
		24	
	24		

```
#include <stdio.h>
#include <conio.h>
int cambialo(int k);
main()
{ int i=3, j;
    textattr(48);              //Agregada para fijar el color de fondo de la pantalla
    textcolor(5);              // Fija el color de los textos (los caracteres asci)
    clrscr();                  //Borra la pantalla de resultados fijando los colores
    printf("i = %d antes de cambiarlo \n", i);
        j = cambialo(i);
```

```
        printf("i = %d, j = %d despues de cambiarlo \n", i,j);
    getch();
}
int cambialo(int k)
{   printf("k = %d \n", k);
    k += 21;
    printf("k = %d \n", k);    //Utilizado para ver el valor de 'k' que tenia antes y después
                               de modificarse
    return(k);
}
```

INTRODUCCIÓN A LOS ALGORITMOS

El término ALGORITMO proviene del nombre con el que se conoció al matemático, astrónomo y geógrafo persa musulmán, Abu Abdallah Muḥammad ibn Mūsā al-Jwārizmī, padre del Álgebra *alğabru*. Estrictamente hablando, un algoritmo es cualquier procedimiento de cálculo (aritmético - algebraico).

El concepto de Algoritmo forma parte esencial de los fundamentos de la Informática. Sin embargo, no tiene sus orígenes con la aparición de la Informática, ya que el *'Algoritmo de Euclides'* fue formulado 300 años A. C. En términos generales, un Algoritmo es un Método para resolver un determinado problema.

La teoría o Análisis de Algoritmos, trata, en líneas generales, del problema de averiguar si un algoritmo es *'Bueno o Malo'*, esto es, si requiere o no muchos Recursos para su ejecución, así como, el problema de la comparación entre algoritmos: 'Dados dos Algoritmos que resuelvan el mismo problema, cuál de ellos es más conveniente'.

Este tipo de problemas es de vital importancia en la Informática ya que permite Valorar los Recursos Informáticos necesarios para resolver un problema y, en consecuencia, permite Estimar el Costo Económico que conlleva.

El enfoque es: "Diseñar un buen Algoritmo para resolver eficazmente un problema".

Para que una computadora ejecute un proceso, es necesario decirle qué operaciones debe realizar. En otras palabras, debemos describir cómo debe realizar su tarea. Dicha descripción, se le llama Algoritmo.

Un Algoritmo describe el Método mediante el cual se realiza una tarea; consiste en una secuencia de instrucciones las cuales, realizadas adecuadamente, dan lugar al resultado deseado.

Para que un Algoritmo pueda ser ejecutado correctamente, cada uno de sus pasos deben estar expresados de forma tal que la computadora sea capaz de entenderlos y ejecutarlos adecuadamente.

Cada paso del Algoritmo se expresa mediante una instrucción o sentencia en el Programa:

ALGORITMO----->PROGRAMA----->TRADUCCIÓN------->
PROGRAMA OBJETO-----> EJECUCIÓN----> RESULTADO

Los Algoritmos son, en principio, más importantes que los Lenguajes de Programación y que las Computadoras mismas, ya que éstos son solamente los medios para lograr un fin: Ejecutar un Algoritmo.

El Diseño de Algoritmos puede llegar a ser una actividad en cierta forma difícil y complicada en general; requiere Creatividad e Ingenio y no existen, en general, Reglas para generar Algoritmos. No existe un Algoritmo para Diseñar Algoritmos.

Sabiendo que un Proceso puede describirse mediante un Algoritmo, es importante preguntarse qué Recursos Informáticos se requieren para ejecutarlos: Cuánto Tiempo necesita la Computadora para ejecutarlo y Cuánta Memoria será necesaria para almacenar tanto el Programa como los Datos.

DEFINICIONES:

INTUITIVA.- Es un conjunto de reglas que dan lugar a una secuencia de operaciones para resolver un problema específico, el cual debe cumplir con cinco Condiciones:

1). **FINITUD**.- El Algoritmo debe terminar después de un número finito de pasos, de otra forma se tendría un Método Numérico.

2). **DEFINIBILIDAD**.- Cada paso de un Algoritmo, debe definirse en forma precisa; las Funciones a realizar deben ser especificadas en forma rigurosa y sin ambigüedad.

3). **CONJUNTO DE ENTRADAS**.- Deben tener un número específico de objetos conocidos como 'Datos Iniciales'.

4). **EFECTIVIDAD**.- Todas las Operaciones a ser realizadas por el Algoritmo deben ser Básicas, para poder ser efectuadas en forma exacta en un lapso de tiempo finito.

5). **CONJUNTO DE SALIDAS**.- Deben tener un número específico de objetos conocidos como 'las Salidas o Resultados que debe obtener el Algoritmo.

COMPLEJIDAD DE LOS ALGORITMOS

TIEMPO Y ESPACIO

Un Programa es la representación de un Algoritmo en un Lenguaje de Programación, que puede ser interpretado por una Computadora.

El Tiempo de ejecución de un Algoritmo para resolver un Problema, es uno de los Parámetros importantes para medir la *'bondad'* de un Algoritmo; el tiempo de ejecución equivale a Tiempo de utilización de la Computadora y, en consecuencia, equivale al Costo Económico.

El Tiempo requerido por una Computadora para ejecutar un Algoritmo es directamente proporcional al Número de Operaciones Básicas Elementales que la Computadora debe realizar en su ejecución. Es por ello que suele llamársele Tiempo de Ejecución, al Número de Operaciones Elementales Realizadas.

Otro Factor importante para comparar Algoritmos, es la Cantidad de Memoria que el Procesador requiere para almacenar y ejecutar los Datos.

A la Cantidad de Memoria utilizada por un Algoritmo durante el proceso, se le llama *'Espacio Requerido por el Algoritmo'.*

ALGORITMO DE EUCLIDES:

Comentamos que este algoritmo fue formulado por Euclides 300 años A. C. y consiste en que: "Dados dos Números Enteros Positivos: **'m'** (dividendo) y **'n'** (divisor), encontrar su Máximo Común Divisor", es decir, calcular cual es el mayor número entero positivo, que divide a la vez a 'm' y a 'n'.

El cálculo implica operaciones aritméticas sucesivas de **división** para encontrar el valor del *'cociente'* y del **módulo** para encontrar el valor del *'residuo'.*

El procedimiento por seguir se muestra en el siguiente diagrama de flujo que nos muestra la lógica a aplicar para resolver o encontrar el MCD. Suponga que el valor del dividendo es 10 y el del divisor es 25:

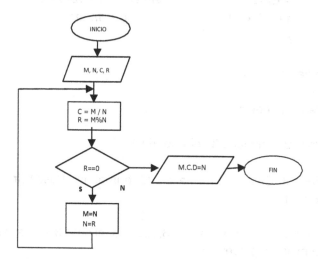

1. Declarar y solicitar los valores de las variables: Dividendo, Divisor. Inicializar con cero las variables del Cociente y del Residuo.

2. Ejecutar la división y calcular el módulo, guardando los respectivos valores del cociente 'C' y residuo 'R'.

3. Evaluar si se ha obtenido un residuo igual a cero.

4. En caso afirmativo, hemos encontrado el resultado esperado, el **MCD** estará almacenado en la variable correspondiente al divisor (**n**), se despliega el resultado y para el proceso.

5. En caso contrario, hacer ajustes: el valor del Divisor se asigna a la variable que representa al Dividendo y el del Residuo, se asigna al Divisor. Hecho esto, repetimos los cálculos (nos reciclamos), hasta que se obtiene cero en el Residuo.

Otro ejemplo sin utilizar el apoyo de un Diagrama de Flujo, pero haciendo Pruebas de Escritorio y otra forma de presentación, se presenta a continuación:

Considere el siguiente enunciado: "Un automóvil parte del reposo y tiene una aceleración constante 'a' de 30 km/hr durante un lapso 't' de 3 hr; ¿qué distancia habrá recorrido el auto en cada hora?

Datos:	**Modelo Matemático:**
a = 30 km/hr	$d = 1/2at^2$
t = 1, 2 y 3 hr.	

Algoritmo de Solución:

Paso 1: Leer 'a'

Paso 2: Asignar a 't', el valor de 1

Paso 3: Calcular la distancia 'd' e imprimir. Paso4: Incrementar 't' en 1.

Paso 5: Si 't' no es mayor a 3, regresar al paso 3, en caso contrario terminar el proceso.

a	t	d	salida
30	1	15	15
	2	60	60
	3	135	135
	4		

Se recomienda que lo mostrado en ambos ejemplos (Diagrama de Flujo, Algoritmo de Solución y Pruebas de Escritorio), se integren para el desarrollo de cualquier programa por simple que parezca.

SECCIÓN DE PREGUNTAS

PREGUNTA 1: ¿CUÁL ES LA DIFERENCIA ENTRE ALGORITMO Y PROGRAMA?

RESPUESTAS:

a) UN ALGORITMO ES UN PROCEDIMIENTO MATEMÁTICO Y EL PROGRAMA, NO.
b) UN PROGRAMA ES UN CONJUNTO DE INSTRUCCIONES, EL ALGORITMO NO.
c) LAS AFIRMACIONES ANTERIORES SON CIERTAS. UN PROGRAMA PUEDE ESTAR FORMADO DE UNO O MAS ALGORITMOS.

PREGUNTA 2: ¿CUÁLES SON LAS CARACTERÍSTICAS QUE DEBE REUNIR TODO ALGORITMO?

RESPUESTAS:

a) FINITUD, DIVISIBILIDAD, ENTRADAS, SALIDAS Y EFICACIA.
b) INFINITUD, DIVISIBILIDAD, ENTRADAS, SALIDAS, EFECTIVIDAD.
c) FINITUD, DEFINIBILIDAD, ENTRADAS, SALIDAS Y EFICACIA.
d) FINITUD, DEFINIBILIDAD, ENTRADAS, SALIDAS Y EFECTIVIDAD.

PREGUNTA 3: QUÉ ES UN PROGRAMA FUENTE, UN PROGRAMA OBJETO Y UN PROGRAMA EJECUTABLE?

RESPUESTA:

A).- EL PROGRAMA FUENTE ES EL RESULTADO DE LA COMPILACIÓN; EL OBJETO, ES EL QUE CODIFICAMOS Y EL EJECUTABLE, ES EL QUE ESTÁ EN LENGUAJE MÁQUINA.
B).- EL FUENTE ESTA EN LENGUAJE SIMBÓLICO; EL OBJETO EN LENGUAJE MÁQUINA, GENERADO AL PASAR BIEN EL CHEQUEO DE LA SINTAXIS Y EL EJECUTABLE, EL QUE SE EJECUTA EN CUALQUIER MÁQUINA DESDE EL SISTEMA OPERATIVO.

C).- EL FUENTE ES EL QUE ESTA ESCRITO EN LENGUAJE SIMBÓLICO; EL OBJETO, ES EL QUE EJECUTAMOS Y EL EJECUTABLE ES EL QUE SE EJECUTA A TRAVÉS DEL EDITOR DE C.

D).- NINGÚN INCISO ES CORRECTO.

PREGUNTA 4.- RELACIONE AMBAS COLUMNAS PARA EL CONCEPTO ESCRITO EN MAYÚSCULAS Y NEGRITAS:

I). **INSTRUCCIONES.**

( ) A). SON SUBRUTINAS QUE TIENEN LOS LENGUAJES DE COMPUTACIÓN (DE PROGRAMACIÓN) INTEGRADAS

II). comandos.

PARA EJECUTAR CIERTOS CÁLCULOS CON LOS DATOS.

III). reglas de sintaxis.

( ) B). DATOS QUE SE DESIGNAN SIMPLEMENTE

IV). funciones

CON UN NOMBRE Y CUYO VALOR PUEDE CAMBIAR A LO LARGO DEL PROCESO DE

V). expresiones.

UN PROGRAMA.

VI). variables.

( ) C). SON ORDENES QUE SE LE DAN A LA COM- PUTADORA PARA INDICARLE QUE HACER CON ALGÚN PROGRAMA EN PARTICULAR.

( ) D). CONJUNTO DE DATOS NUMÉRICOS O ALFANU- MÉRICOS, QUE PUEDE CONTENER OPERADORES PARA ESTABLECER CIERTAS RELACIONES.

( ) E). DEBEN GUARDAR CIERTA GRAMÁTICA, DEPEN- DIENDO DEL LENGUAJE Y ESTÁN FORMADAS POR PALABRAS EN INGLÉS. INSTRUYE A LA COMPUTADORA PARA INDICARLE LAS TAREAS A REALIZAR.

( ) F). SON UN CONJUNTO DE NORMAS DEL LENGUAJE QUE DEFINEN LA ESTRUCTURA DE ESTE.

PREGUNTA 5.- RELACIONE AMBAS COLUMNAS PARA EL CONCEPTO ESCRITO EN MAYÚSCULAS Y NEGRITAS:

I). instrucciones.

II). **COMANDOS**.

III). reglas de sintaxis.

IV). Funciones.

V). expresiones.

VI). variables.

( ) A). SON SUBRUTINAS QUE TIENEN LOS LEN-GUAJES DE COMPUTACIÓN (DE PROGRAMA-

CIÓN) INTEGRADAS PARA EJECUTAR CIER- TOS CÁLCULOS CON LOS DATOS.

( ) B). DATOS QUE SE DESIGNAN SIMPLEMENTE

CON UN NOMBRE Y CUYO VALOR PUEDE CAMBIAR A LO LARGO DEL PROCESO DE UN PROGRAMA.

( ) C). SON ORDENES QUE SE LE DAN A LA COM-PUTADORA PARA INDICARLE QUE HACER

CON ALGÚN PROGRAMA EN PARTICULAR.

( ) D). CONJUNTO DE DATOS NUMÉRICOS O ALFANU- MÉRICOS, QUE PUEDE CONTENER OPERADORES PARA ESTABLECER CIERTAS OPERACIONES.

( ) E). DEBEN GUARDAR CIERTA GRAMÁTICA DEPEN- DIENDO DEL LENGUAJE Y ESTÁN FORMADAS POR PALABRAS EN INGLÉS. INSTRUYE A LA COMPUTADORA PARA INDICARLE LAS TAREAS A REALIZAR.

( ) F). SON UN CONJUNTO DE NORMAS DEL LEN- GUAJE QUE DEFINEN LA ESTRUCTURA DE ESTE.

PREGUNTA 6.- RELACIONE AMBAS COLUMNAS PARA EL CONCEPTO ESCRITO EN MAYÚSCULAS Y NEGRITAS:

I). instrucciones.

II). comandos.

III). **REGLAS DE SINTAXIS**.

IV). funciones.

V). expresiones.

VI). variables.

( ) A). SON SUBRUTINAS QUE TIENEN LOS LEN-GUAJES DE COMPUTACIÓN (DE PROGRAMA-

CIÓN) INTEGRADAS PARA EJECUTAR CIER- TOS CÁLCULOS CON LOS DATOS.

( ) B). DATOS QUE SE DESIGNAN SIMPLEMENTE

CON UN NOMBRE Y CUYO VALOR PUEDE CAMBIAR A LO LARGO DEL PROCESO DE UN PROGRAMA.

( ) C). SON ORDENES QUE SE LE DAN A LA COM-PUTADORA PARA INDICARLE QUE HACER

CON ALGÚN PROGRAMA EN PARTICULAR.

( ) D). CONJUNTO DE DATOS NUMÉRICOS O ALFANU- MÉRICOS, QUE PUEDE CONTENER OPERADORES PARA ESTABLECER CIERTAS RELACIONES.

( ) E). DEBEN GUARDAR CIERTA GRAMÁTICA DEPEN- DIENDO DEL LENGUAJE Y ESTÁN FORMADAS POR PALABRAS EN INGLÉS. INSTRUYE A LA COMPUTADORA PARA INDICARLE LAS TAREAS A REALIZAR.

( ) F). SON UN CONJUNTO DE NORMAS DEL LEN- GUAJE QUE DEFINEN LA ESTRUCTURA DE ESTE.

PREGUNTA 7.- RELACIONE AMBAS COLUMNAS PARA EL CONCEPTO ESCRITO EN MAYÚSCULAS Y NEGRITAS:

I). instrucciones.

II). comandos.

III). reglas de sintaxis.

IV). **FUNCIONES**.

V). expresiones.

VI). variables.

( ) A). SON SUBRUTINAS QUE TIENEN LOS LEN-GUAJES DE COMPUTACIÓN (DE PROGRAMA- CIÓN) INTEGRADAS PARA EJECUTAR CIER- TOS CÁLCULOS CON LOS DATOS.

( ) B). DATOS QUE SE DESIGNAN SIMPLEMENTE CON UN NOMBRE Y CUYO VALOR PUEDE CAMBIAR A LO LARGO DEL PROCESO DE UN PROGRAMA.

( ) C). SON ORDENES QUE SE LE DAN A LA COM-PUTADORA PARA INDICARLE QUE HACER CON ALGÚN PROGRAMA EN PARTICULAR.

( ) D). CONJUNTO DE DATOS NUMÉRICOS O ALFANU- MÉRICOS, QUE PUEDE CONTENER OPERADORES PARA ESTABLECER CIERTAS RELACIONES.

( ) E). DEBEN GUARDAR CIERTA GRAMÁTICA DEPEN- DIENDO DEL LENGUAJE Y ESTÁN FORMADAS POR PALABRAS EN INGLÉS. INSTRUYE A LA COMPUTADORA PARA INDICARLE LAS TAREAS A REALIZAR.

( ) F). SON UN CONJUNTO DE NORMAS DEL LEN- GUAJE QUE DEFINEN LA DE ESTE.

PREGUNTA 8: RELACIONE AMBAS COLUMNAS PARA EL CONCEPTO ESCRITO EN MAYÚSCULAS Y NEGRITAS:

I). instrucciones.

( ) A). SON SUBRUTINAS QUE TIENEN LOS LEN-GUAJES DE COMPUTACIÓN (DE PROGRAMA-

II). comandos.

CIÓN) INTEGRADAS PARA EJECUTAR CIER- TOS CÁLCULOS CON LOS DATOS.

III). reglas de sintaxis.

( ) B). DATOS QUE SE DESIGNAN SIMPLEMENTE

IV). funciones.

CON UN NOMBRE Y CUYO VALOR PUEDE CAMBIAR A LO LARGO DEL PROCESO DE UN PROGRAMA.

V). **EXPRESIONES**.

( ) C). SON ORDENES QUE SE LE DAN A LA COM-PUTADORA PARA INDICARLE QUE HACER

VI). variables.

CON ALGÚN PROGRAMA EN PARTICULAR.

( ) D). CONJUNTO DE DATOS NUMÉRICOS O ALFANU- MÉRICOS, QUE PUEDE CONTENER OPERADORES PARA ESTABLECER CIERTAS RELACIONES.

( ) E). DEBEN GUARDAR CIERTA GRAMÁTICA DEPEN- DIENDO DEL LENGUAJE Y ESTÁN FORMADAS POR PALABRAS EN INGLÉS. INSTRUYE A LA COMPUTADORA PARA INDICARLE LAS TAREAS A REALIZAR.

( ) F). SON UN CONJUNTO DE NORMAS DEL LEN- GUAJE QUE DEFINEN LA ESTRUCTURA DE ESTE.

PREGUNTA 9.- RELACIONE AMBAS COLUMNAS PARA EL CONCEPTO ESCRITO EN MAYÚSCULAS Y NEGRITAS:

I). instrucciones.

( ) A). SON SUBRUTINAS QUE TIENEN LOS LENGUAJES DE COMPUTACIÓN (DE PROGRAMACIÓN)

II). comandos.

INTEGRADAS PARA EJECUTAR CIERTOS CÁLCULOS CON LOS DATOS.

III). reglas de sintaxis.

( ) B). DATOS QUE SE DESIGNAN SIMPLEMENTE

IV). funciones.

CON UN NOMBRE Y CUYO VALOR PUEDE CAMBIAR A LO LARGO DEL PROCESO DE UN PROGRAMA.

V). expresiones.

( ) C). SON ORDENES QUE SE LE DAN A LA COM-PUTADORA PARA INDICARLE QUE HACER

VI). **VARIABLES**.

CON ALGÚN PROGRAMA EN PARTICULAR.

( ) D). CONJUNTO DE DATOS NUMÉRICOS O ALFANU- MÉRICOS, QUE PUEDE CONTENER OPERADORES PARA ESTABLECER CIERTAS OPERACIONES.

( ) E). DEBEN GUARDAR CIERTA GRAMÁTICA DEPEN- DIENDO DEL LENGUAJE Y ESTÁN FORMADAS POR PALABRAS EN INGLÉS. INSTRUYE A LA COMPUTADORA PARA INDICARLE LAS TAREAS A REALIZAR.

( ) F). SON UN CONJUNTO DE NORMAS DEL LEN- GUAJE QUE DEFINEN LA ESTRUCTURA DE ESTE.

PREGUNTA 10: ESCRIBA LAS EXPRESIONES EN "C" CORRESPONDIENTE A:

1). $(A^2)^{\frac{1}{2}}$

2). $\dfrac{AB + CD - SQRT(EF) + 3/5}{XY^2 + X^2Y^2}$

3). $\dfrac{2 \cdot 3 + 4}{7B}$

4). $\dfrac{A + B + C}{SQRT(B^2 \cdot E^2)}$

RESPUESTA:

A). **1)** = pow(pow(a,2),0.5);

      2) = (A*B+CD-sqrt(E*F)+(3/5))/(X*pow(Y,2)+X^2*Y*2);

      3) = (2*3+4)/(7*B);   **4)** = (A+B+C)/(B^2*E^2)^0.5

B). **1)** = pow(pow(a,2),0.5);

      2) = (A*B+C*D-pow((E*F),0.5)+3/5)/(X*pow(Y,2)+pow(x,2)*pow(y,2));

      3) = (2*3+4)/(7*B);   **4)** = (A+B+C)/sqrt(pow(B,2)*pow(E,2))

PREGUNTA: 11 ¿QUÉ TIPOS DE DATOS SE PUEDEN DECLARAR EN C?

RESPUESTA:

A).- CHAR, INT, FLOAT y DOUBLE.

B).- CHAR, SHORT, LONG Y FLOAT.

C).- CHAR, INT, FLOAT, SHORT, LONG, SIGNED Y UNSIGNED.

D).- CHAR, INT, FLOAT, SHORT, LONG, DOUBLE, LONG DOUBLE, SHORT, SIGNED Y UNSIGNED.

PREGUNTA 12: LAS "SECUENCIAS DE ESCAPE" (\t, \n, \a, ...), SE UTILIZAN PARA: RESPUESTA:

A).- PARA CANCELAR UN PROGRAMA.

B).- PARA DAR FORMATO A LAS SALIDAS DEL PRINTF() (TABULADORES, SALTOS DE LÍNEA, ...).

C).- PARA DAR FORMATO A LOS DATOS DE ENTRADA. D). PARA TODAS LAS INDICACIONES ANTERIORES.

PREGUNTA 13: ¿CUÁL ES LA PRECEDENCIA Y ORDEN DE EVALUACIÓN DE LOS SIGUIENTES OPERADORES: "*", "/", "+" y "-" ?.

RESPUESTA:

A).- TIENEN LA MISMA PRECEDENCIA.

B).- LOS PRIMEROS DOS, TIENEN LA MISMA PRECEDENCIA Y SON MAYORES A LOS SIGUIENTES DOS QUE TIENEN TAMBIÉN LA MISMA PRECEDENCIA Y SE EVALÚAN DE DERECHA A IZQUIERDA.

C).- LOS PRIMEROS DOS, TIENEN LA MISMA PRECEDENCIA Y SON MAYORES A LOS SIGUIENTES DOS QUE TIENEN TAMBIÉN LA MISMA PRECEDENCIA, Y SE EVALÚAN DE IZQUIERDA A DERECHA.

D).- TODOS TIENEN PRECEDENCIA DIFERENTE Y SE EVALÚAN DE DERECHA A IZQUIERDA.

PREGUNTA 14.- EN C DECLARAR LAS VARIABLES DE LA SIGUIENTE FORMA: VAR, var, Var, ES:

RESPUESTA:

A).- ES IGUAL.

B).- DIFERENTE YA QUE "**C**" ES SENSIBLE AL 'TAMAÑO' DE LA LETRA.

C).- ES INDISTINTO PUESTO QUE SE HACE REFERENCIA AL CONTENIDO DE LA VARIABLE Y NO AL NOMBRE DE LA MISMA.

D).- NINGUNA ES CORRECTA.

CAPÍTULO III. ESTRUCTURAS DE CONTROL - INSTRUCCIONES DEL LENGUAJE

En función de las necesidades del, o de los procesos a desarrollar por un determinado Programa, se presentan diferentes tipos de codificaciones que irán desde las más simples hasta las complejas y, en base a esto, se irán presentando programas que muestran tres tipos específicos de estructuras: **Lineales**, Estructuras **Ramificadas** o Bifurcadas y Estructuras **Repetitivas** o Cíclicas. Con la primera clasificación se aplicarán funciones para la Introducción y Desplegado de Datos e Información; en la segunda estructura, se mostrarán funciones de Transferencia de Control **Condicional**, **Incondicional** y **Múltiple**, en la tercera de las estructuras mencionadas, se utilizarán funciones que nos permitan estructurar programas cíclicos, entre otros muchos ejemplos.

ESTRUCTURAS DE CONTROL

El **Teorema del Programa Estructurado** establece: que toda función computable puede ser implementada en un lenguaje de programación que combine solamente tres estructuras lógicas, evitando el uso de la instrucción **GOTO,** la cual descompone la estructura de un programa. Se acreditaba la autoría de este teorema a los investigadores **Corrado Böhm** y **Giuseppe Jacopini** por un artículo que publicaron en el año de **1966**, sin embargo otro investigador, **David Harel**, investigó que el origen realmente del teorema, tiene su origen en **1946** con la descripción de la **Arquitectura** de **Von Newman**, aunado al teorema de la *Forma Normal* de **Kleene**, a lo que se agrega lo publicado por otro investigador más, **Edsger Dijkstra**, quien en el año de **1968**, aseveró "*La sentencia GOTO es considerada dañina*".

No obstante, otro especialista en la materia, **Donald Knuth**, aceptó el **Principio** de que los programas deben escribirse con *demostratividad*, pero no estaba de acuerdo con la **supresión** de la sentencia **GOTO**. En su publicación del año **1974** «*Programación estructurada con sentencias Goto*», mostró ejemplos de programas estructurados utilizando esta instrucción y comentó que se obtenía un código más claro y más eficiente sin sacrificar *demostratividad*. Esta aseveración de Knuth podría ser considerada la más acertada, al menos lo es para quien desarrolla la presente obra, ya que la experiencia ha mostrado que para ciertos procesos largos y complejos, hay ocasiones en las que, hacer uso de la sentencia Goto, resulta facilitar la claridad del programa y la lógica aplicada en el mismo, claro está, utilizándola al mínimo.

De tal forma que todo Programa puede desarrollarse con solamente tres **Estructuras de Control**: **Secuenciales**, **Selectivas** o bifurcadas y **Repetitivas** o Cíclicas. Por ello, mostraré en éste orden las Funciones que tiene **C**, para desarrollar programas que muestren cada una de estas tres Estructuras:

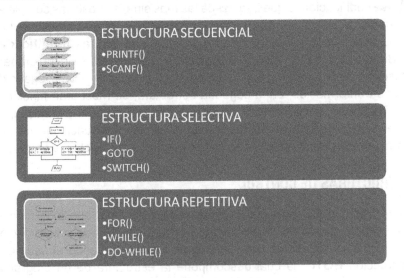

ESTRUCTURA SECUENCIAL
- PRINTF()
- SCANF()

ESTRUCTURA SELECTIVA
- IF()
- GOTO
- SWITCH()

ESTRUCTURA REPETITIVA
- FOR()
- WHILE()
- DO-WHILE()

PROGRAMACIÓN ESTRUCTURADA Y MODULAR

En algunos párrafos anteriores se han solamente mencionado ambos conceptos sin dar mayor detalle. Pero debido a la importancia de estas técnicas, y antes de continuar con el desglose de las Instrucciones de programación comentadas en la página anterior, abundaré en la descripción de sus significados.

La **Programación Modular** consiste en subdividir un programa en módulos o subprogramas con el fin de hacerlo más legible y manejable. Esta técnica se desarrolla con un análisis y diseño descendente conocido como *Top-Down* que consiste desglosar el análisis de lo complejo a lo más simple; hasta que solamente queden instrucciones simples y construcciones para el control de flujo. Para auxiliarse en el análisis y la descomposición del problema a resolver por medio de la programación del mismo, se utilizan los **Diagramas** denominados de **Nassi-Shneiderman** los cuales utilizan 'cajas anidadas' para representar cada uno de los subproblemas (subprocesos) a realizar. Para mantener una consistencia con los fundamentos de la **Programación Estructurada**, los diagramas Nassi-Shneiderman no tienen representación para las instrucciones *Goto*.

Cada uno de los Módulos diseñados debe tener una tarea bien definida, indicando si se requiere de otros para poder operar, y de esta forma poder ser codificados fácilmente con algún lenguaje de programación. No debe confundirse el concepto de Módulo con los de lo que significan una 'función' o 'procedimiento', ya que un determinado Módulo puede contener varios de ellos.

Los **Diagramas Nassi-Shneiderman** –también conocidos como de Chapin- fueron desarrollados en 1972 por **Isaac Nassi** y **Ben Shneiderman**, son una representación gráfica que muestran el diseño de un programa estructurado. También se les denomina *Estructogramas*, ya que sirven para representar la estructura de los programas. Combinan la descripción textual del pseudocódigo con la representación gráfica del diagrama de flujo. A continuación, se muestran algunos Bloques utilizados en estos Diagramas:

Bloques De Proceso

Bloque Estandar Simple de Proceso

```
┌─────────────────────────────────────────────┐
│  ACCIÓN -v.g.- Encender la Computadora       │
└─────────────────────────────────────────────┘
```

Bloques de procesos El bloque de proceso representa el paso más simple y no requiere ningún análisis específico. Cuando un bloque de proceso es encontrado, la acción dentro del bloque se realiza, y pasamos directamente al siguiente bloque.

Ejemplo de un diagrama Nassi-Shneiderman, para **Bloques Ramificados.**

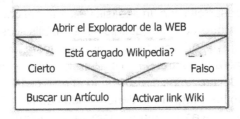

Los Bloques Verdadero-Falso nos permiten seleccionar dos posibles procesos dependiendo del resultado booleano que arroje la condición establecida; pueden ser utilizados para especificar procesos Cíclicos o Repetitivos, dependiendo del resultado que genere la evaluación de la condición.

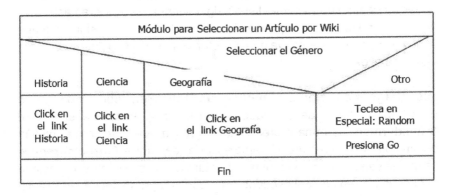

Ejemplo de un diagrama Nassi-Shneiderman, para un Bloque Ramificado Múltiple.

El Bloque de Procesos Ramificado Múltiple se utiliza para especificar los procesos que se realizarán en forma selectiva dependiendo del valor asignado a un parámetro o variable en un programa, el cual es evaluado para transferir el proceso al Módulo que contiene las instrucciones del proceso que se realizará. El diagrama anterior muestra en una forma muy simple lo mencionado, aplicándolo al supuesto de que se desea consultar un Artículo por Wikipedia, referente ciertos géneros; se determina qué género es el que se desea consultar y en función de ello, el diagrama indica la acción que se debe ejecutar: seleccionar presionando un supuesto *link* disponible que transferirá a la base de datos que contenga la información deseada.

Dados los pormenores de las técnicas mencionadas que se interrelacionan entre sí mutuamente, iniciamos con el estudio de las funciones utilizadas por las diferentes Estructuras de Control.

ESTRUCTURAS SECUENCIALES

Cuando las computadoras ejecutan las Instrucciones, una tras otra, en el orden en que se escribieron, y no hay instrucciones de Transferencia de Control, se dice que se tiene un **Programa** con una **Estructura Secuencial**; normalmente son el tipo de programas que inicialmente se escriben cuando la persona se está iniciando en la programación de computadoras. Se pueden ejecutar uno solo o varios Procesos (cálculos o tareas) en un programa con este tipo de estructura, pero haciéndolo totalmente en secuencia: primero uno y a continuación el siguiente. Las Funciones requeridas para elaborar este tipo de programas son aquellas que nos permitan *introducir* (aunque no necesariamente) **Datos** que serán procesados y la que nos permita *desplegar* en el monitor o imprimir, un resultado o la **Información** generada después de que los datos hayan sido procesados, estas funciones son **scanf()** y **printf()**.

FUNCIONES DE ENTRADA Y SALIDA "PRINTF() Y SCANF()"

Como se mencionó con anterioridad, el lenguaje **C**, no tiene una 'palabra' –instrucción, cuestión de semántica que finalmente son equivalentes-, para ingresar datos o mostrar resultados, pero con la riqueza de su sintaxis, se pueden crear las necesarias de acuerdo a un requerimiento específico.

Sin embargo, **C** nos provee de dos funciones que sirven para ingresar o mostrar datos, los cuales se utilizan para requerimientos generales.

LA FUNCIÓN PRINTF()

Esta función, nos permite mostrar datos o resultados en la pantalla del monitor, su función prototipo se encuentra localizada en el archivo cabecera 'stdio.h', este archivo contiene las funciones estándares de entrada y salida

La función **printf()**, puede tomar cualquier número de argumentos, sin embargo, el primer argumento es especial y es el llamado *formato de cadena* y especifica cuantos datos seguirán al primer argumento y como serán estos formateados.

El formato de cadena se escribe encerrado entre dobles comillas y puede contener solamente texto o únicamente especificadores de formato o ambos. Un especificador de formato es un carácter especial que empieza con el signo de porcentaje (**%**) e indica cómo se escribirá el dato respectivo.

La función **printf()** puede contener dentro del formato de cadena, cualquier cantidad de formatos especificadores, pero debe haber un dato por cada especificador, ejemplo:

> printf("Imprime tres valores: %d, %d, %d", num1, num2, num3);

Note que el primer formato especificador corresponde al primer dato, el segundo al segundo, etc.

El dato por imprimir también puede ser el resultado de la evaluación de una *expresión*, tal como **num*num**:

> printf("El cuadrado del número %d es %d \n", num, num*num);

Una **expresión** (particularmente aritmética), es una fórmula matemática cuya evaluación genera un valor. Los elementos que constituyen una *expresión* son: constantes, variables y operadores.

Recordando lo mencionado sobre las ***secuencias de escape***, comentaremos que cuando son enviadas a un dispositivo de salida, tal como un monitor, se interpretan como señales que controlan el formato en pantalla. La secuencia '**\n**', en particular, fuerza al sistema a que avance a la siguiente línea (*salte* a la siguiente línea).

$$\text{printf} \left[\text{[\textbackslash<sec.esc.>]} \left\{ \begin{array}{c} \text{<texto>} \\ \text{<texto + esp. Form.>} \\ \text{< esp. Form.>} \end{array} \right\} \text{''} \quad , \quad \begin{array}{c} \text{[<var(s)>]} \\ \text{[<const(s)>]} \end{array} \right] ;$$

Por ejemplo, en la sentencia: **printf("El valor del número es %d", num);**

Tiene dos argumentos: El primero es el formato de cadena "EL valor del número es %d"

El segundo es el dato que será escrito, en este caso es la variable **num**. El formato de cadena puede ser dividido en dos partes; el *texto*: **El valor del número es xxxx**

Y el **especificador de tipo de dato o formato: %d**.

Este especificador indica que el dato a escribir 'num' es un entero decimal. Se tienen otros especificadores para otros tipos de datos; la siguiente es una lista parcial:

%c	dato Caracter (char)
%f	dato Punto Flotante (float)
%s	dato de Cadena de Caracteres (string)
%g	dato Punto Flotante
%lg	dato de tipo Double
%o	dato expresado en el Sistema Numérico Octal
%x	dato expresado en el Sistema Numérico Hexadecimal.

En adición a la especificación del tipo de dato que será impreso, se pueden especificar otros atributos para la impresión (lo que sería realmente el formato de impresión), tales como justificación a la izquierda, a la derecha, especificando el número de conectores o dígitos que se desplegarán, o si se requiere el signo menos o más, a considerarse para expresar cantidades o algunos números.

LA FUNCIÓN SCANF()

Esta función es la imagen en el espejo de **printf()**, pero en lugar de imprimir o desplegar datos en el monitor, ésta lee datos ingresados a través del teclado.

El formato para **scanf()** es similar a **printf()**, ya que puede formar cualquier número de argumentos, pero el primer argumento es la especificación del tipo de dato o datos que se requieren introducir, indicado a través de una cadena de caracteres en la que se especifican el o los tipos de datos a introducir. En esta cadena, se especificará la cantidad y el orden en que se introducirán los datos.

En la segunda parte de la sintaxis de esta función (indicada con el uso del carácter ',' que establece la separación entre los 2 argumentos), es en donde se especifican y relacionan los datos a introducir y en qué variables serán almacenados; las variables mencionadas deben de haberse declarado previamente. A cada una de las variables que serán utilizadas –según se indique en la sintaxis del postulado-, debe anteponérsele el símbolo del ampersand (**&**) lo que le indicará al sistema que el o los datos que se estén indicando, sean almacenados en las respectivas direcciones que el sistema les asignó a cada variable cuando fueron declaradas.

> **scanf("<esp. form.1>[, <esp. form.2> [,...]] ", &<var1. o const1>**
> **[, &< var1. o const1> [,...]]);**

scanf(), también usa muchos de los mismos formatos especificadores, por ejemplo, el especificador **%d** indica que el valor a leer será un entero (int), la mayor diferencia entre **scanf()** y **printf()** es que los datos deben ser valores y deben estar precedida por el operador de dirección **&**.

Ejemplo:

> **scanf("%d", &num);**

Directamente el sistema leerá un entero desde la Terminal y almacenará el valor en la variable llamada '**num**'. El ampersand es un operador especial que hace referencia a la dirección de la memoria asignada a la variable.

Una aplicación interesante e introductoria para algunos cálculos de Ingeniería, es el saber calcular los Momentos de Inercia y Polar de Inercia de algunas secciones de uso frecuente en la práctica de la Ingeniería. De tal forma que, qué mejor ejemplo que iniciar con este tema para mostrar el uso de las funciones de entrada y salida recién comentadas. Por ello a continuación doy algunos pormenores sobre este tipo de cálculos.

MOMENTO DE INERCIA. Es la resistencia que presenta un sólido para ponerse en movimiento giratorio o para detenerse ya que está girando. Se aplica para calcular el '*Torque*' o par de giro de una pieza mecánica o bien para calcular la energía disipada como por ejemplo de un giroscopio, especificada en radianes por segundo o revoluciones por segundo, cuyas fórmulas son:

T = Q I; Con 'T' = par de giro y 'Q' = la aceleración angular.

E = W² I/2; En donde 'E' = energía; 'W' = velocidad angular en radianes por seg.

E = 2Π² R²I; Estando 'R' en revoluciones por segundo.

El Momento de Inercia se obtiene a partir de la masa y el cuadrado del radio de giro del sólido considerado; en la determinación de este radio de giro es donde intervienen los momentos de inercia de las diferentes secciones.

Momento Polar De Inercia

El Momento Polar de una superficie es el momento de inercia respecto al eje perpendicular a la superficie que pasa por el centro geométrico de la superficie.

Esta es solamente una breve introducción al tema de los Momentos ya que, conforme el estudiante se adentre en su desarrollo escolar de la Carrera, encontrará, aprenderá y aplicará muchas más concepciones de los momentos: momento polar de inercia de un cilindro, de un circular, de un anillo, de un triángulo rectángulo, temas que aprenderán en la Asignatura de Resistencia de Materiales.

Las fórmulas que se tienen para realizar estos cálculos son:

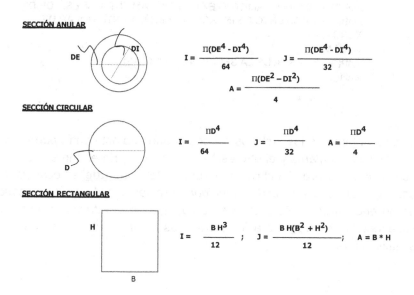

SECCIÓN ANULAR

$$I = \frac{\Pi(DE^4 - DI^4)}{64} \qquad J = \frac{\Pi(DE^4 - DI^4)}{32}$$

$$A = \frac{\Pi(DE^2 - DI^2)}{4}$$

SECCIÓN CIRCULAR

$$I = \frac{\Pi D^4}{64} \qquad J = \frac{\Pi D^4}{32} \qquad A = \frac{\Pi D^4}{4}$$

SECCIÓN RECTANGULAR

$$I = \frac{B H^3}{12} \quad ; \quad J = \frac{B H(B^2 + H^2)}{12} \quad ; \quad A = B * H$$

En done; **I** = Momento de Inercia; **J** = Momento Polar de Inercia y **A** = Área de la Sección

Seleccionemos la primera de las secciones mostradas para desarrollar nuestro programa utilizando las funciones ya mencionadas de entrada y salida.

```
/* PROGRAMA: MOMENTOS.C
DESCRIPCION: Cálculo del momento de Inercia y Polar de Inercia para un Anillo.
AUTOR:     M. SOLARES.
FECHA:     15/XI/93 */
#include <stdio.h>
#include "conio.h"
#include <math.h>
#define PI 3.141592
main()
{
        float MI=0,MPI=0,AS=0,DE=0,DI=0;
        clrscr();
        gotoxy(25,7);
        printf(" \"CALCULO DE MOMENTOS\" \n\n");
        printf("\t Dame los valores del \"Diam. Ext.\" y del \"Interior\": ");
        scanf("%f,%f",&DE,&DI);
        MI=PI*(pow(DE,4) - pow(DI,4))/64;
        MPI=PI*(pow(DE,4) - pow(DI,4))/32;
        AS=PI*(pow(DE,2) - pow(DI,2))/4;
        gotoxy(9,11);
        printf("LOS MOMENTOS DE INERCIA Y POLAR DE INERCIA PARA UN
        CILINDRO");
        printf("\n\tCON UN DIAMETRO EXT = %f Y DIAM. INT = %f, ES: ",DE,DI);
        printf("\n\n\tMOMENTO DE INERCIA = %f\n\tMOMENTO POLAR DE
        INERCIA = \
        %f",MI,MPI);
        printf("\n\tEL ÁREA DE LA SECCION ES = %f ",AS);
        getch();
}
```

Seguro notaron en los archivos cabecera, que uno está entre *paréntesis (corchetes) angulares* y el otro está entre *comillas*. En el primer caso, el compilador buscará el archivo en el subdirectorio **Include**; en el *segundo caso,* primero busca *en el directorio donde se compila el módulo*, en caso de no encontrarlo, solo entonces, lo buscará en la ruta de acceso del subdirectorio **Include**. Para fines prácticos, es indistinto el uso de una sintaxis u otra.

Al ejecutar el anterior programa obtendremos el siguiente resultado:

```
            "CALCULO DE MOMENTOS"

Dame los valores del "Diam. Ext." y del "Interior": 3.3,2.5



LOS MOMENTOS DE INERCIA Y POLAR DE INERCIA PARA UN CILINDRO
CON UN DIAMETRO EXT = 3.300000 Y DIAM. INT = 2.500000, ES:

MOMENTO DE INERCIA = 3.903899
MOMENTO POLAR DE INERCIA = 7.807798
EL AREA DE LA SECCION ES = 3.644247 _
```

Además de que no se especifican las Unidades (mm4, cm4,...), falta aplicar una serie de validaciones necesarias para tener una programa confiable que genere resultados correctos; lo que veremos más adelante. Pero antes vamos a mostrar otro programa que nos permitirá dar una presentación a las prácticas que se desarrollen en las clases del laboratorio; si bien, este programa contiene funciones que aún no se han visto, se les solicitará a los educandos que lo capturen tal como se les muestra, a reserva que todas las funciones se irán comentando durante el desarrollo del curso. Además, nos da la pauta para adelantar algunos conceptos de la llamada a ejecución de un sub- programa desde el programa principal.

El programa referido, crea una pantalla de presentación con Títulos, Subtítulos, enmarcando toda la pantalla de resultados y las diferentes áreas de la presentación de Datos e Información. El programa alusivo es el siguiente:

```
/*PROGRAMA GENERA CARÁTULA
   Autor: M. Solares*/
#include "stdio.h"
#include "conio.h"
#include "dos.h"
main(void)
{ int x,y;
textbackground(8);
textcolor(2);
clrscr();
for(x=1;x<80;x++)
{ gotoxy(x,1), printf("Í");              // este caracter corresponde al ASCII 205
  gotoxy(x,7), printf("Í");
  gotoxy(x,24), printf("Í");
}
for(y=1;y<24;y++)
{ gotoxy(1,y), printf("º");              // este caracter corresponde al ASCII 186
  gotoxy(80,y), printf("º");
}
```

```
gotoxy(1,1), printf("É");               // este carácter corresponde al ASCII 201
gotoxy(80,1), printf("»");              // este carácter corresponde al ASCII 187
gotoxy(1,7), printf("Ì");               // este carácter corresponde al ASCII 204
gotoxy(80,7), printf("¹");              // este carácter corresponde al ASCII 185
gotoxy(1,24), printf("È");              // este carácter corresponde al ASCII 200
gotoxy(80,24), printf("¼"); textcolor(5);   // este carácter corresponde al ASCII 188
gotoxy(25,3);
printf("INSTITUTO POLITÉCNICO NACIONAL");
gotoxy(25,4);
printf("E. S. I. M. E. - AZCAPOTZALCO");
gotoxy(5,5);
printf("NOMBRE: (introduzca aquí su nombre)"); gotoxy(65,5);
printf("GRUPO: xxxx "); gotoxy(15,6);
printf("PRÁCTICA: (introduzca aquí el nombre de la práctica)"); gotoxy(5,8);
printf("SECCIÓN PARA SOLICITAR DATOS: ");
gotoxy(5,18);
printf("SECCIÓN PARA DESPLEGAR RESULTADOS: ");
getch();
}
```

El programa genera el siguiente resultado:

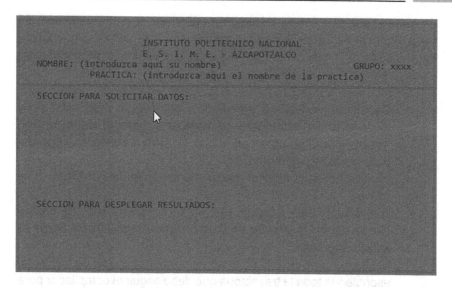

Este formato se utiliza como carátula de presentación para cada una de las prácticas del laboratorio, especificando el nombre del alumno quien desarrolló la práctica, su grupo, el nombre de la Práctica y las áreas donde se desplegarán los Datos y los Resultados.

Este es el subprograma que será llamado a ejecución desde cada programa que se desarrolle como la práctica de la semana.

Respecto a cuál es el procedimiento por seguir para ligar ambos programas –el principal como el la carátula-, debemos comentar que en ocasiones se presentan algunos problemas al momento de su compilación. No todos los compiladores de **C** son cien por ciento compatibles. Algunas versiones no contienen las mismas funciones prototipo contenidas en los mismos archivos cabecera (header), o no reconocen un proceso de encadenar archivos externos al que se compila.

Por ejemplo, al principio se utilizaba el compilador **Turbo C**. Al mejorar el equipo de cómputo con nuevas versiones del Sistema Operativo (**Windows 7, 8 y 10**), se cambió el compilador, para utilizar el que tiene el IDE del DEV-**C++** hasta la versión 8 de Windows, al tratar de ejecutar el compilador anteriormente mencionado, para la **versión 10**, hubo problemas de configuración. De tal forma que se utilizó el compilador del **IDE WxDev C++** que reconoce la mayoría de las funciones utilizadas originalmente, más no sucede lo mismo con algunos procedimientos de encadenación como lo mostraremos a continuación.

En los equipos que tienen instalado el Windows 8 y sus variantes, se trabaja normalmente con el compilador del Dev C ++ versión (vg. 5.2.0.1). Para encadenar o ligar los programas a ser ejecutados, el procedimiento a seguir era:

- Capturado, compilado, ejecutado y obtenida la presentación de la pantalla correctamente, se cambia el nombre de la función "main()" por el nombre con el que se haya grabado el programa de la caratula (vg. Marco()).
- Se deshabilita la función getch() –anteponiéndole doble //-, o se elimina.
- Hecho esto, este programa ya no se compilará más (al menos que se tengan que hacer algunas modificaciones) y solamente se salva o regraba.
- Al Programa Principal, se le agrega una instrucción de inclusión, escribiendo toda la trayectoria que deba seguir el compilador para ubicar el subprograma que se ligará: vg. #include "c:\Archivos de programa (x86)\Dev-Wx\Fuentes\marco.c"
- Para llamar a ejecución a este sub programa, solamente se le invoca haciendo referencia a su nombre solamente como si se tratara de una función más.

Este es el procedimiento que se realiza para estas versiones. Sin embargo, Si trabajamos con Windows 10 y la versión WxDev C ++, este procedimiento no funciona. De tal forma que hay que seguir este otro procedimiento:

1. Los 3 primeros pasos del procedimiento anterior, son los mismos pero, el tercer paso que indica que solamente se salve el programa ya modificado, sí se va a salvar pero con la extensión **.h** en lugar de **.c**, esto es, si originalmente se grabó como **Marco.c**, ya realizadas las modificaciones mencionadas, se salvará en la carpeta o subdirectorio **INCLUDE** del compilador (en donde estén los demás archivos cabecera que se utilizan normalmente: stdio.h, conio.h, étc.), como **Marco.h**, el siguiente paso a seguir es:

2. Al Programa Principal se le agregará una inclusión para referenciar al nuevo archivo cabecera generado: **#include <Marco.h>**

3. Aquí también aplica lo comentado en el procedimiento anterior en su paso 5. Normalmente el llamado se hace después de ejecutar

la función de limpiar pantalla y antes de ejecutar algún proceso del propio programa principal.

Generalizando, comento que hubiese bastado con mencionar este último procedimiento que aplica para cualquiera de las versiones, no obstante, como hubo generaciones que utilizaron el primero de los procedimientos mencionado, consideré de interés mencionarlo y evitar que se enfrenten a supuestos errores de ligación o concatenación de programas.

Dicho lo anterior veamos nuestro programa de Momentos modificado con el llamado a ejecución de un programa externo.

```
/* PROGRAMA:   MOMENTOS.C
DESCRIPCION:   Cálculo del Momento de Inercia y Polar de Inercia
                para un Anillo.
AUTOR:         M. SOLARES.
FECHA:         15/XI/93 */
#include <stdio.h>
#include "conio.h"
#include <math.h>
#include <Marco.h>

//#include "c:\Archivos de programa (x86)\Dev-Wx\Fuentes\Marco.c"
#define PI 3.141592
main()
{       float MI=0,MPI=0,AS=0,DE=0,DI=0;
        clrscr();
        Marco();
        gotoxy(25,7);

        printf(" \"CALCULO DE MOMENTOS\" ");

gotoxy(15,10);
printf("Dame los valores del \"Diam. Ext.\" y del \"Interior\": ");
scanf("%f,%f",&DE,&DI);
MI=PI*(pow(DE,4) - pow(DI,4))/64;
MPI=PI*(pow(DE,4) - pow(DI,4))/32;
AS=PI*(pow(DE,2) - pow(DI,2))/4;
gotoxy(9,12);
printf("LOS MOMENTOS DE INERCIA Y POLAR DE INERCIA PARA UN CILINDRO");
gotoxy(9,13);
printf("CON UN DIAMETRO EXT = %f Y DIAM. INT = %f, ES: ",DE,DI);
gotoxy(9,14);
printf("MOMENTO DE INERCIA = %f \tMOMENTO POLAR DE INERCIA = \
%f",MI,MPI);
gotoxy(9,15);
printf("EL AREA DE LA SECCION ES = %f ",AS);
getch();
}
```

Callout labels within the figure:
- INSTRUCCIÓN ORIGINAL QUE NO FUNCIONA EN W10 Y WX-DEV
- INCLUSIÓN DEL SUBPROGRAMA
- LLAMADA DE EJECUCIÓN

Como puede apreciarse, este código de programa muestra un proceso clásico: Datos de Entrada, Proceso (los cálculos realizados), y la Salida de Información, los resultados obtenidos en los cálculos. Sin embargo, adolece de validación alguna, de forma tal que, por ejemplo, se podrían introducir los datos erróneamente en cantidad y/o en valor y el programa no lo detectaría, generando resultados erróneos: valores negativos o mal calculados.

Para evitar este gravísimo problema –la falta de una exhaustiva validación- se requiere apoyarse con la utilización de otras funciones estructurando instrucciones que prevean todas las posibles omisiones o errores que generen información errónea. Esas funciones mencionadas las comentaremos a continuación, para posteriormente repetir el código mostrado párrafos arriba pero mejorado, introduciendo las instrucciones requeridas para hacer una buena validación de los Datos y obtener un programa *robusto*, consistente.

FUNCIONES DE TRANSFERENCIA DE CONTROL: "IF(), GOTO Y SWITCH()"

Elaboración de Programas con **Estructuras Selectivas**.

FUNCIÓN "IF( )"

Se utiliza para realizar **Transferencias de Control en forma Condicional**. Con las Funciones estudiadas anteriormente, como comentamos, se pueden realizar infinidad de programas que tengan un *Proceso Totalmente Secuencial*, sin embargo, habrá programas que tengan más de una Alternativa de Solución, es decir, que puedan ejecutar más de un proceso dependiendo del resultado lógico que resulte de una Condición establecida con la finalidad de, precisamente, determinar qué Proceso debe ejecutarse.

Con esta Función, se pueden hacer Programas con Estructuras Selectivas; esta función nos permite realizar comparaciones lógicas para determinar el o los Procesos a realizarse y generalmente se utiliza en combinación de la instrucción **GOTO,** que veremos más adelante.

Esta Función tiene varias posibles sintaxis que dependerán del sentido lógico que se desee evaluar. En Pseudocódigo, representa la evaluación:

si-entonces-si no (que corresponde a **if-then-else**, del inglés); su representación gráfica para ser utilizada en un Diagrama de Flujo es el Rombo y precisamente, apoyándonos en el apoyo gráfico de la simbología de los Diagramas de Flujo, mostraremos las diversas sintaxis.

Es la principal función-instrucción para la Toma de Decisiones en forma programada y para la Validación de los Datos que serán procesados, así como para revisar la Información obtenida con el proceso para asegurar que los Resultados que se generaron son correctos y confiables.

SIMPLE: PRE-CONDICIONAL

SIMPLE: POS-CONDICIONAL

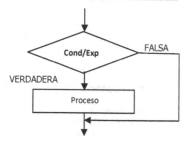

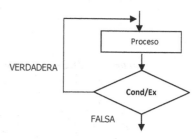

```
if(< cond/exp >)
     < sentencia 1 >;
[else]
     No ejecuta la sentencia
     y sigue la secuencia normal
```

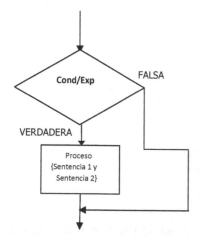

SIMPLE: VARIAS SENTENCIAS.

```
if( < cond/exp > )
{   < sentencia 1 >;
    < sentencia 2 >;}
[else]
     Sigue la secuencia normal
```

DUAL: PROCESOS ALTERNATIVOS

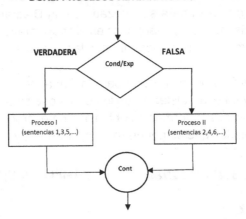

PARA MÁS DE DOS OPCIONES:

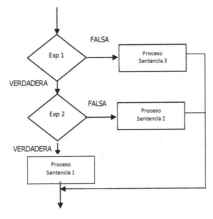

IF's ANIDADOS:

if(< expresión 1 > **)**
   if(< expresión 2 > **)**
     < sentencia 1 >;
   else
     < sentencia 2 >;
else
   < sentencia 3 >;

ELSE IF:

if(< expresión >**)**
  <sentencia>
else if(< expresión 1 >**)**
    < sentencia 1 >;
    else if(< expresión 2 >**)**
      < sentencia 2 >;
      else
        < sentencia 3 >;

En donde '***expresión***' puede ser una condición simple o compuesta, o bien, una evaluación lógica permitida en C; '***sentencia***', puede ser cualquier postulado válido de C.

SÍMBOLO GRÁFICO:

SIGNIFICADO LÓGICO: La función "**IF()**" nos permite evaluar una determinada condición o condiciones para decidir que procesos se van a ejecutar. Es la principal instrucción para tomar decisiones programadas.

Puede transferir el control del programa, en forma condicional, a la *etiqueta* indicada a través de la instrucción **GOTO**; puede ser a diferentes *'ramas'* de proceso o bien, pueden utilizarse para estructurar *'ciclos'* de instrucciones, aunque se tienen otras funciones (las cuales se verán en otras sesiones) que realizan esta función específicamente de manera más sencilla.

Ejemplos:

```
if( x == 7)
    printf(" x es igual a 7\n");
else
    printf(" x no es igual a 7\n");
}
```

```
float a, b; if (b)
{ printf("b = %f y a = %f \n", b,a);
    printf("a/b = %f \n", a/b);
}
```

```
float a, b;
if (b)        /* equivale a: ' if(b != 0) ' */
    printf(" El cociente es = %f \n", a/b);

if ( x >= 3 && x <= 5)
        printf(" x esta entre 3 y 5 \n");
else
if ( x >= 6 && x <= 8);
        printf(" x esta entre 5 y 8 \n");
else
        printf(" x no está en esos rangos \n");
```

```
if(a > b)
    if(b > c)
        printf(" 'a' es el mayor, 'b' es el intermedio y 'c' es el menor de todos\n");
    else
        printf("(" 'a' es el mayor, 'c' es el intermedio y 'b' es el menor de todos\n");
else
    printf(" 'b' es mayor a 'a' \n");
```

Algunas de las Aplicaciones que se verán en clases, de la función **IF()**, serán para realizar evaluaciones lógicas y determinar los procesos a ejecutar; para estructurar *'ciclos de procesos'* llevando el control a través de un contador, entre otras muchas en las que se requiera *toma de decisiones* para ejecutar procesos alternativos. Es la principal función **para la Validación de Datos**, esto es, que si se está solicitando se introduzcan 2 o más datos (v.g. Numéricos), revisa que efectivamente se estén proporcionando la cantidad de valores solicitados y del tipo indicado; o bien, si se pide que un dato esté dentro de un intervalo determinado, que realmente cumpla con la especificación.

En este tema de la Validación de Datos, **C** tiene un **Operador Condicional Ternario** (el único de tres operandos) cuya función es similar a la validación que realiza la función IF(); el operador es: **(? :)**, cuya sintaxis se puede expresar como:

<condición> ? <acción cuando la evaluación es cierta> : <acción cuando la evaluación es falsa>

Por ejemplo, si tuviéramos el siguiente código:

```
if (a > b)
    c = a;
else
    c = b;
```

Este código se pudiera escribir con el Operador Ternario como:

```
c = (a > b) ? a : b;
```

Para ciertas validaciones menores puede resultar útil la utilización de este operador, otro ejemplo:

```
#include <stdio.h>
#include <conio.h> main()
{
    char r, n=0;
a: clrscr();
    printf("Dame el valor de 'n': ");
    scanf("%d",&n);
    printf("%s\n", n >= 60 ? "Aprobado" : "Reprobado") ;
    printf("Deseas continuar? (s/n): ");
    r=getche();
    if(r == 's')
        goto a;
}
```

INSTRUCCIÓN GOTO

Transfiere el control del programa en forma *Incondicional* a la '*etiqueta*' indicada; puede ser a diferentes '*ramas*' de proceso o bien para estructurar procesos cíclicos.

Sin embargo cuando se programa en forma **Estructurada** y **Modular**, se evita el uso de esta instrucción al sustituirla con una estructura tal que utilice las funciones que realizan procesos que engloban una serie de instrucciones que realizarán una tarea (proceso) muy particular (**for, while, do-while**) o que se desarrollen *Funciones de Usuario* que lo hagan y que serán llamadas a ejecución según corresponda.

Es muy común que a los programadores novatos, se es haga fácil utilizar indiscriminadamente la instrucción '*goto*' que, al final, al analizar el programa que hayan codificado, parecerá un juego de '*tripas de gato*' por la maraña de idas y venidas de un punto del programa a otro, para ejecutar una tarea o proceso y regresar al punto inicial, repitiendo este vaivén en forma repetitiva en diferentes puntos del programa, volviéndose difícil seguir la Lógica utilizada en el programa.

Se recomienda utilizar la instrucción lo estrictamente necesario sobre todo cuando se tiene que desarrollar un programa complejo que involucra muchas instrucciones. De hecho, y como ya se ha comentado reiteradamente en párrafos anteriores, se deben aplicar las técnicas de Modulación y Estructuración utilizando las Funciones del sistema y del usuario adecuadas para utilizar al mínimo posible −si no es que eliminarla del todo- a la instrucción que se comenta.

Lógicamente en los primeros programas que se desarrollan cuando se inicia con la programación de computadoras y se empiezan a conocer las Instrucciones o funciones del lenguaje, se utilizará la instrucción de transferencia de control incondicional en estudio para facilitar la comprensión y aprendizaje del Lenguaje.

SINTAXIS: goto <etiqueta>;

SÍMBOLO GRÁFICO:

SIGNIFICADO LÓGICO: Transfiere Incondicionalmente el control del programa a la etiqueta especificada, por lo que el programador debe controlar totalmente su uso.

Ejemplo:

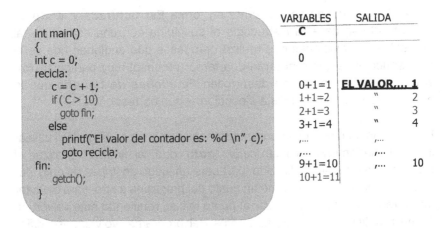

```
int main()
{
int c = 0;
recicla:
    c = c + 1;
    if ( C > 10)
        goto fin;
    else
        printf("El valor del contador es: %d \n", c);
        goto recicla;
fin:
    getch();
}
```

VARIABLES	SALIDA
C	
0	
0+1=1	**EL VALOR.... 1**
1+1=2	" 2
2+1=3	" 3
3+1=4	" 4
,...	,...
,...	,...
9+1=10	,... 10
10+1=11	

Conociendo el significado lógico de las funciones mencionadas podemos retomar el código que calcula los Momentos de una sección anular mostrado anteriormente, para mejorarlo haciendo las validaciones pertinentes según corresponda; esas correcciones se resaltarán en otro color para que se pueda apreciar el sentido de la validación que se está aplicando a la instrucción en turno, las cuales serán comentadas.

```
/* PROGRAMA:        MOMENTOS.C
DESCRIPCION:        Cálculo del momento de Inercia y Polar de Inercia
                    para un Anillo.
AUTOR:              M. SOLARES.
FECHA:              15/XI/93 */
#include <stdio.h>
#include "conio.h"
```

```
#include <math.h>
#define PI 3.141592
int main()
{       float MI=0,MPI=0,DE=0,DI=0;
        char r;
        textattr(48);
        textcolor(5);
otro:
        clrscr();
        gotoxy(25,6);
        textbackground(7);
        printf(" \"CALCULO DE MOMENTOS\"          ");
datos:
        gotoxy(10,10);
        printf("Dame los valores del \"Diam. Ext.\" y del \"Interior\": ");
        scanf("%f,%f",&DE,&DI);

if(DI)                          //Valida si se introdujo el segundo valor solicitado
    if(DE>DI)                   //Detecta si el primer valor es mayor al segundo
    {                           //para realizar el proceso –los cálculos-.
      MI=PI*(pow(DE,4) - pow(DI,4))/64;
      MPI=PI*(pow(DE,4) - pow(DI,4))/32;
      gotoxy(10,12);
      printf("LOS MOMENTOS DE INERCIA Y POLAR DE INERCIA PARA UN ANILLO");
      gotoxy(10,14);
      printf("PARA UN DIAMETRO EXT = %f Y DIAM. INT = %f, ES: ",DE,DI);
      gotoxy(10,16);
      printf("MOMENTO DE INERCIA = %f",MI);
      gotoxy(10,18);
      printf("MOMENTO POLAR DE INERCIA = %f",MPI);
      gotoxy(40,20);
```

> Las siguientes 5
> Instrucciones son para
> reprocesar o nó según la
> selección realizada.

```
      printf("Deseas otro calculo ? (s/n): ");  //Para reprocesar

      r = getche();
      if(r=='s')
      { DE=0,DI=0;
        goto otro;}
    }
    else
```

> En caso de que se hayan
> introducido mal los datos
> (DI >= DE), se ejecutan las 3
> Instrucciones que siguen.

```
    {gotoxy(25,20), printf("El Diam. Ext. debe ser mayor al Int.,...");
     DE=0,DI=0;
     goto datos;}
else
```

> Se ejecutan cuando se detecta que no
> se introdujeron los 2 datos solicitados.

```
{gotoxy(25,20), printf("Debe digitar 2 Valores,...          ");
 goto datos;}
}
```

Como puede observarse no basta hacer un programa que ejecute los cálculos requeridos y desplegar un resultado como se realizó en el programa inicial mostrado anteriormente. Es necesario anticiparse a los posibles errores que se pudieran presentar y agregar instrucciones en correspondencia para indicar que acciones realizar para evitar que se presenten esos errores.

El programa anterior muestra un ejemplo de las validaciones requeridas que deben hacerse en el programa original, desde revisar que los Datos se introduzcan en Cantidad y Valores aceptables, hasta el tener que inicializar los valores de las variables –a cero- involucradas en la validación, para que no se generen errores colaterales en el proceso.

Si se deseara desarrollar un programa que calcule los Momentos para cada una de las Secciones mencionadas y ya conociendo el funcionamiento de la función **IF()**, escribimos a continuación el código del programa que nos permitirá hacer los cálculos en forma selectiva controlando la transferencia del control de procesos con la función recién vista. Se agrega una pequeña rutina para que una vez que se ejecuta un proceso, nos permita reprocesar el programa y no terminarlo con los primeros cálculos realizados para una determinada pieza o Sección.

```
/* PROGRAMA:    MOMENTOS.C
   DESCRIPCION:  Cálculo del momento de Inercia y Polar de Inercia
                 para las tres diferentes secciones.
   AUTOR:        M. SOLARES.
   FECHA:        15/XI/98 */
#include <stdio.h>
#include <math.h>
#include <conio.h>
#include <DOS.h>
#define PI 3.141592
int main()
{       float MI=0,MPI=0,DE,DI,D,B,H;
        char r;
        int tipo;
denuevo:
        clrscr();
        gotoxy(27,7), printf(" \"CÁLCULO DE MOMENTOS\" \n\n");
        gotoxy(5,9);
        printf("\t Para qué tipo de seccion (pieza) Desea calcular los momentos ?\n");
        printf("\t 1=anillo, 2=circular, 3=pza. rectángular: ");
        scanf("%d",&tipo);
        if(tipo == 1)
                goto anillo;
        if(tipo == 2)
                goto circular;


        if(tipo == 3)
                goto rectangular;
        printf("Los valores permitidos son solamente 1, 2 y 3,...");
        goto denuevo;
anillo:
        clrscr();
        gotoxy(10,9);
        printf("Dame los valores del \"Diam. Ext.\" y del \"Interior\": ");
        scanf("%f,%f",&DE,&DI);
```

```
    if(DI == 0
    {gotoxy(25,20), printf("Error, debe proporcionar 2 datos,...");
     getch();
     goto anillo;}
    if(DE <= DI)
    {gotoxy(25,20), printf("Error, el 'DE' debe ser mayor al 'DI',...");
     getch();
     goto anillo;}
    MI=PI*(pow(DE,4) - pow(DI,4))/64;
    MPI=PI*(pow(DE,4) - pow(DI,4))/32;
gotoxy(9,10);
    printf("LOS MOMENTOS DE INERCIA Y POLAR DE INERCIA PARA UN CILINDRO");
    printf("\n\tPARA UN DIAMETRO EXT = %f Y DIAM. INT = %f, ES: ",DE,DI);
    printf("\n\n\tMOMENTO DE INERCIA = %f\n\tMOMENTO POLAR DE INERCIA = \
%f",MI,MPI);
    DI=0;
    goto pregunta;
circular:
    clrscr();
    gotoxy(10,9);
    printf("Dame el valor del Diametro de la circular: ");
    scanf("%f",&D);
    MI=PI*(pow(D,4) /64);
    MPI=PI*(pow(D,4) /32);
    gotoxy(9,10);
    printf("LOS MOMENTOS DE INERCIA Y POLAR DE INERCIA PARA UNA CIRCULAR");
    printf("\n\tDE DIAMETRO = %f ",D);
    printf("\n\n\tMOMENTO DE INERCIA = %f\n\tMOMENTO POLAR DE INERCIA = \
%f",MI,MPI);
    goto pregunta;
rectangular:
    clrscr();
    gotoxy(5,9);
    printf("Dame los valores de la base y de la altura de la secc. rectangular: ");
    scanf("%f,%f",&B,&H);
    if(H==0)
    {gotoxy(25,20), printf("Err, debe proporcionar 2 datos,...");
    H=0;
    getch();
    goto rectangular;}
    MI=B*pow(H,3)/12;
    MPI=B*H*((pow(B,2) + pow(H,2))/12);
    gotoxy(9,10);
    printf("LOS MOMENTOS DE INERCIA Y POLAR DE INERCIA PARA LA SECCION");
    printf("\n\tRECTANGULAR DE BASE = %f Y ALTURA = %f, ES: ",B,H);
    printf("\n\n\tMOMENTO DE INERCIA = %f\n\tMOMENTO POLAR DE INERCIA = \
%f",MI,MPI);
    H=0;
pregunta:
    gotoxy(40,20);
    printf("Deseas otro calculo ? (s/n): ");
    r = getche();
    if(r=='s')
      goto denuevo;
    }
```

SERIES NUMÉRICAS.

SUCESIONES ARITMÉTICAS.

Otros procesos matemáticos interesantes que podemos estudiar para desarrollar programas que sean resueltos utilizando las funciones vistas son las Series Numéricas.

Podría ser una Progresión Aritmética en la cual la diferencia de términos sucesivos es constante. La suma de términos de una sucesión aritmética se denomina **Serie Aritmética.**

Vg.:   **1, 4, 7, 10, 13, ...**

El cálculo de cada término se obtiene aplicando el siguiente procedimiento:

$$a, a+d, a + 2d, a + 3d, ..., a + (n - 1)d$$

$$a_m = a_1 + [m - 1]d$$

En donde 'a_m' es el término por calcular; 'a_1' el valor del primer término; '**m**' es el número del término que se está calculando y '**d**' es la razón constante o diferencia entre dos términos sucesivos, v.g.:

$$a_2 = 1 + [2 - 1]3 = 1 + 3 = 4$$

$$a_3 = 1 + [3 - 1]3 = 1 + 6 = 7$$

$$a_4 = 1 + [4 - 1]3 = 1 + 9 = 10$$

Cada término **am** es igual al Promedio Aritmético de los términos adyacentes "a_{m-1}" y "a_{m+1}":

Por ejemplo, para el emésimo término:

$$a_m = \frac{a_{m-1} + a_{m+1}}{2} \Rightarrow a_3 = \frac{4 + 10}{2} = 7$$

El cálculo de la sumatoria de una serie numérica se obtiene mediante el siguiente algoritmo:

$$S_n = \frac{n}{2}(a1 + a_n) \quad \text{que equivale al siguiente: } S_n = a_1 n + \frac{n(n-1)d}{2}$$

o bien: $\quad Sn = a_1 * n + d(n-1) * n / 2$

En donde:

- n = Número de términos,
- a_1 = Primer término de la serie,
- d = La relación constante (la diferencia de dos términos sucesivos)
- a_n = Último término

Aplicación:

Una persona recibe 10 libros una semana y cada semana subsiguiente recibirá 2 más respecto a la semana anterior. ¿Cuántos libros recibirá en la 15va semana y cuál será la suma total que recibirá al término de las 15 semanas?

a). $a_m = a_{15}$; $\quad a_1 = 10$; $\quad m = 15$; $\quad d = 2$

$a_m = a_1 + [m - 1]d \quad = \quad 10 + [15 - 1]\,2 \quad = \underline{38}$

b). $S_n = \dfrac{n}{2}(a_1 + a_n) \quad = \quad 7.5\,(10 + 38) \quad = \underline{360}$

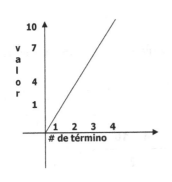

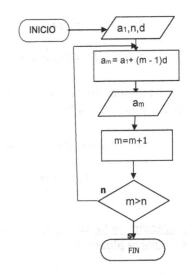

```
/* SERIES ARITMÉTICAS
AUTOR:   M. SOLARES.
FECHA:   1/III/98 */
#include <stdio.h>
#include <conio.h>
```

```
main()
{ int a1, n, d, am, m=2, s=0;
        textattr(48), textcolor(5);
        clrscr();
        gotoxy(5,9);
        printf("Dame el 1er. Valor de la Serie, ");
        gotoxy(5,10);
        printf("el Número de Términos y la Diferencia: ");
        scanf("%d,%d,%d",&a1,&n,&d);
        gotoxy(5,3), printf("La Serie es: ");
        gotoxy(5,15);
        printf("%d, ",a1);
Denuevo:
        am = a1 + (m-1)*d;
        printf("%d, ",am);
        m=m+1;
        if(m <= n)
           goto Denuevo;
        getch();
}
```

Al *'correr'* (ejecutar) el programa y alimentar los datos vg., para el valor inicial **a1** = **1**, el número de términos a calcular **n** = **7**, y para la razón de cambio **d** = **3**, el resultado que se desplegaría es la siguiente Serie:

```
Dame el 1er. Valor de la Serie,
el Número de Términos y la Diferencia: 1,7,3

La Serie es:

1, 4, 7, 10, 13, 16, 19,
```

Si además deseáramos que se calculara la Sumatoria de los 'n' términos calculados de la Serie, se agregaría la instrucción que calcula dicha sumatoria –la que vimos en la introducción del tema- y posteriormente la instrucción que despliega el resultado del cálculo. Estas instrucciones se escribirían después del penúltimo postulado del código mostrado (*goto Denuevo*) y antes de la última instrucción (*getch()*):

```
s = (n * (a1 + am))/2;
gotoxy(20,19);
printf("La sumatoria de la serie es: %d ",s);
```

El resultado que se desplegaría introduciendo los mismos datos, sería:

```
Dame el 1er. Valor de la Serie,
el Número de Términos y la Diferencia: 1,7,3

La Serie es:

1, 4, 7, 10, 13, 16, 19,


        La sumatoria de la serie es: 70
```

SUCESIONES GEOMÉTRICAS

También conocida como *Progresión Geométrica* en la cual la Razón de cambio entre un término y el otro es constante. La suma de términos de una sucesión geométrica se denomina **Serie Geométrica.**

Vg.:   1, 2, 4, 8, 16, 32, 64

En forma similar a la Sucesión Aritmética, la Sucesión Geométrica es una secuencia en la cual la diferencia entre un término y el siguiente es constante:

$$a, a*r, a*r^2, a*r^3, ..., a*r^{n-1}$$

El cálculo de cada término 'a_m' se obtiene aplicando la siguiente fórmula:

$$a_m = \sqrt{(a_{m-1}) \cdot (a_{m+1})} = a_1 \cdot q^{m-1}$$

V.g.:

$$a_3 = \sqrt{a_2 \cdot a_4} = \sqrt{2 * 8} = 4$$

ó

$$a_2 = 1 \cdot 2^{2-1} = 2$$

$$a3 = 1 \cdot 2^{3-1} = 4$$

$$a_4 = 1 \cdot 2^{4-1} = 8$$

La sumatoria para la serie geométrica se obtiene a través de esta otra fórmula:

$$S_n = \frac{q \cdot a_n - a_1}{q - 1}$$

Las literales utilizadas corresponden a:

n = número de términos
S_n = Suma de todos los términos
q = r = cociente de dos términos sucesivos: 2/1, 4/2, 8/4, etc.
a_1 = primer término
a_m = término intermedio a_n = último término y
d = diferencia de dos términos sucesivos

En las siguientes sucesiones:

1, 2, 4, 8, 16, 32, 64, ...
4, 2, 1, 0.5, 0.25, 0.125, ...
1, -2, 4, -8, 16, -32, 64, -128

el valor inicial de su Primer término, la Razón de cambio (r = q) y el número de términos son:

$a_1 = 1,$ $r = 2,$ $n = 7;$
$a_1 = 4,$ $r = 0.5,$ $n = 7;$
$a_1 = 1,$ $r = -2,$ $n = 8,$ respectivamente.

En las Series Geométricas, si **'r'** está en el rango de -1 y 1 **(-1 < r < 1)**, la suma será **a(1- r)**, por ejemplo:

$$1 + 1/2 + 1/4 + 1/8 + 1/16 + 1/32 + ... = 2$$
$$a = 1, r = ½$$

$$1/10 + 1/100 + 1/1000 + 1/10000 + ... = 1/9$$
$$a = 1/10, r = 1/10$$

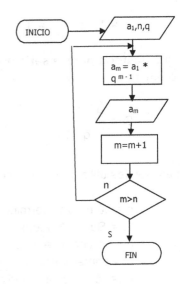

```
/* SERIES ARITMÉTICAS
AUTOR:   M. SOLARES.
FECHA:   1/III/98 */
#include "math.h"
#include <stdio.h>
#include <conio.h>
main()
{ int a1, n, q, am, m=2, s=0;
    textattr(48), textcolor(5);
    clrscr();
    gotoxy(5,9), printf("Dame el 1er. Valor de la Serie, ");
    gotoxy(5,10), printf("el Número de Términos y la Razón de cambio: ");
    scanf("%d,%d,%d",&a1,&n,&q);
    gotoxy(5,13),        printf("La Serie es:\n\n");
    gotoxy(5,15),        printf("%d, ",a1);
Denuevo:
    am = a1 * pow(q,m-1);
    printf("%d, ",am);
    m=m+1;
    if(m <= n)
        goto Denuevo;
    getch();
}
```

En forma similar a lo realizado con las Series Aritméticas, si al ejecutar el anterior programa y alimentar los datos vg. para el valor inicial **a1** = **1**, el número de términos a calcular **n** = **7**, y para la razón de cambio **q** = **2**, el resultado que se desplegaría es la Serie Binomial:

```
Dame el 1er. Valor de la Serie,
el Número de Términos y la Razón de cambio: 1,7,2


La Serie es:

1, 2, 4, 8, 16, 32, 64,
```

Si además deseáramos que se calculara la Sumatoria de 'n' términos de la Serie, se agregaría la instrucción que calcula dicha sumatoria –la que vimos, también, en la introducción del tema- y posteriormente la instrucción que despliega el resultado del cálculo. Estas instrucciones se escribirían después del penúltimo postulado del código mostrado (*goto Denuevo*) y antes de la última instrucción (*getch()*):

```
s = (q * am - a1)/(q - 1);
gotoxy(20,19);
printf("La sumatoria de la serie es: %d ",s);
```

El resultado que se desplegaría introduciendo los mismos datos, sería:

```
Dame el 1er. Valor de la Serie,
el Número de Términos y la Razón de cambio: 1,7,2


La Serie es:

1, 2, 4, 8, 16, 32, 64,



                        La sumatoria de la serie es: 127 _
```

Las Series Geométricas tienen aplicaciones Financieras en las formulaciones, v.g., del Interés Compuesto, Cálculos de Rendimiento, etc.; en las formulaciones Matemáticas, como en el cálculo de las Series de Taylor, las de Fourier, etc.

PROGRESIONES ARMÓNICAS

Una Serie Armónica obtenida a partir de una sucesión o progresión armónica, resultará ser infinitamente grande, aunque los términos sumados sean cada vez más pequeños, por ejemplo:

$$1 + 1/2 + 1/3 + 1/4 + 1/5 +,...,$$

En ésta serie:

el 2do. término es 1/2 del primero,
la suma de los dos siguientes términos es mayor que 1/2, ya que c/u de ellos es mayor que 1/4,

la suma de los cuatro términos siguientes es también mayor que 1/2, ya que c/u de ellos es mayor que 1/8,
la suma de los ocho términos siguientes es también mayor que 1/2, ya que c/u de ellos es mayor que 1/16, ...etc.

Conforme aumenta el número de términos, se va haciendo cada vez mayor.

Sin embargo, no siempre una serie armónica nos dará una suma infinita (Divergente), también es posible que dé sumas finitas o Convergentes cuando su Razón de cambio oscila entre -1 y 1.

Una Serie que corresponde a las Armónicas es la Serie de Fibonacci. Un código que propongo para su generación (entre otros muchos que cada uno puede desarrollar), es el siguiente:

```
//Genera la Serie de Fibonacci
// Probar con N=10, A=1 y B=1
#include<stdio.h>
#include<conio.h>
main()
{        int N, A, B, C, I=0;
         textattr(48);
         textcolor(5);
         clrscr();
         gotoxy(5,9);
         printf("Dame los valores de N, A y B: ");
         scanf("%d, %d, %d", &N, &A, &B);
         gotoxy(5,12);
         printf("La Serie de Fibonacci es: ");
         gotoxy(10,15);
         printf("%d, ", A);
```

```
imprime:
         printf("%d, ",B);
         C = A + B;
         I = I + 1;
         A = B, B = C;
         if(I <= N)
                  goto imprime;
         getch();
}
```

Una buena práctica de análisis sería investigar cuáles son los algoritmos para calcular el valor de cada uno de los términos en una **Sucesión Armónica** y para calcular la Suma de los valores de los Términos calculados de la Sucesión.

TRANSFERENCIA DE CONTROL MÚLTIPLE: "SWITCH()"

SIGNIFICADO LÓGICO:

La función **switch()** transfiere el control del programa a múltiples puntos de proceso dependiendo del valor que resulte tener la variable de control o expresión a ser evaluada.

En caso de tratarse de una *variable* la que se establezca como argumento del **switch**, ésta puede recibir su '**valor**' (carácter o numérico) a través de la función **getche**(); si se especifica una expresión (aritmética), esta es evaluada para obtener el valor a considerar, el cual deberá coincidir con alguno de los especificados en los diferentes *"case's"*, transfiriendo así el control de procesos a la sentencia o sentencias establecidas en ese *'case'* para que sean ejecutadas.

En caso de no coincidir con ninguno de los valores de las cláusulas *"case"*, el control del proceso pasará a la cláusula *"default"* para ejecutar el proceso indicado en la sentencia allí especificada.

SINTAXIS:

```
        ┌ < variable >  ┐
switch  └ < expresión >─┘
{
        case < constante 1>:
        [ { ]   < sentencia 1 >;
                [ < sentencia 1.a >;]
                [. . .,]
                [break; ]
        [ } ]
        case < constante 2>:
        [ { ]   < sentencia 2 >;
                [ < sentencia 2.a >;]
                [. . .,]
                [break; ]
        [ } ]
        . . .,
        case < constante n>:
        [ { ]   < sentencia n >;
```

```
        [ < sentencia n >;]
        [. . ., ]
        [break; ]
    [ } ]
    [[default:]
    [ { ] < sentencia(s) por default >;
    [ } ]]
}
```

SÍMBOLO GRÁFICO:

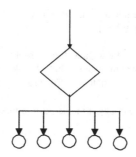

APLICACIONES:

Cuando se tiene un número considerable de opciones de proceso, evaluarlas a través de la función **if()**, resultaría una tarea un tanto elaborada sobre todo en su codificación, la cual se simplifica enormemente con la función **switch()**, facilitando también entender la lógica de programación, dando mayor claridad a los programas.

Se utiliza generalmente en los procesos de estructuración de Menús de Procesos.

CLÁUSULA BREAK:

En todos los lenguajes de programación, cuando se trabaja con ciclos, se pueden utilizar dos cláusulas para reciclar los procesos dentro del ciclo antes de su terminación normal o para '*romperlos*' evitando su terminación normal, estas cláusulas se llaman "***continue***" y "***break***", respectivamente.

En **C** también se utilizan pero, en la función **switch()** solo es aceptable la cláusula "***break***". Cuando se especifica, se transfiere el control del proceso fuera del ciclo para que continúe el proceso a partir de la primera instrucción que se encuentre después del ciclo.

Lógicamente, interrumpir la ejecución normal de un ciclo con el *"break"*, debe estar totalmente controlado por el programador.

Ejemplo:

```
#include <stdio.h>
#include <conio.h>
int main()
{       char op;
        clrscr();
        printf("Dame la inicial de la Opción: (A,B,otra): ");
        op = toupper(getche());
        switch(op)
        {   case 'A': printf("\nCaso A\n"); break;
            case 'B': printf("\nCaso B\n"); break;
            default: printf("\nNi 'A' ni 'B', otro caso\n"); break;
        }
        printf("Presiona cualquier tecla para regresar...\n");
        getch();

}
```

El ejemplo anterior simplemente muestra, prácticamente, la sintaxis de la función. Retomando el tema del cálculo de **Momentos** visto en un programa anterior, lo adecuamos para que, en lugar de seleccionar las opciones de proceso utilizando la función **IF()** se utilice la función **Switch()** para que se decida por medio de los *'cases'* qué cálculos realizar, si Momentos para una Sección Anular, Circular o Rectangular.

Normalmente se utiliza esta función junto con otras que veremos a continuación, las que nos permiten estructurar **'Menús de Proceso'** formales, pero como no las hemos estudiado aún, el programa que se incluye a continuación estructura un simple pseudo menú para dirigir el control de los procesos para los cálculos. Posteriormente, presentaré este programa modificado utilizando una adecuada estructura del Menú aplicando las nueva funciones que se verán y con el uso de Funciones definidas por el Usuario, demostrando con esto que, un mismo proceso se puede estructurar aplicando diferentes Técnicas y Lógicas de Programación, como podría ser incluir los cálculos dentro de cada bloque de los *'case'* (similar a como se hizo en el programa que utiliza IF()), o bien, definir **funciones de usuario** que realicen cada una de ellas el cálculo que corresponda a cada tipo de Momentos.

```c
/* PROGRAMA:    MOMENTOS.C
   DESCRIPCION: Calculo del momento de Inercia y Polar de Inercia
                para las tres diferentes secciones.
   AUTOR:       M. SOLARES.
   FECHA:       15/XI/98 */
#include <stdio.h>
#include <math.h>
#include<conio.h>
//#include "c:\Archivos de programa (x86)\Dev-wx\Fuentes\marco.c"
#include<DOS.h>
#define PI 3.141592
float D,DE,DI,B,H,MI,MPI;
float calc_anular(void);
float calc_circular(void);
float calc_rectan(void);
int main()
{
        char r;
        int tipo;
denuevo:
        textbackground('BLUE');
        textcolor('YELLOW');
        clrscr();
//      marco();
        gotoxy(30,9);
        printf(" \"CALCULO DE MOMENTOS\" ");
        gotoxy(12,11);
        printf("Para que tipo de seccion (pieza) Desea calcular los momentos ?: ");
        gotoxy(20,13);
        printf("1=anular, 2=circular, 3=pza. rectangular: ");
        scanf("%d",&tipo);
        if(tipo == 1)
                {       calc_anular();
                        goto pregunta; }
        if(tipo == 2)
                {       calc_circular();
                        goto pregunta; }
        if(tipo == 3)
                {       calc_rectan();
                        goto pregunta; }
        gotoxy(10,15);
        printf("Los valores permitidos son solamente 1, 2 y 3, Digite nuevamente");
//      delay(3000);
getch();
        goto denuevo;

pregunta:
        gotoxy(40,20);
        printf("Deseas otro calculo ? (s/n): ");
        r = getche();
        if(r=='s'|| r == 'S')
                goto denuevo;
}
```

```c
float calc_anular(void)
{ clrscr();
//marco();
  gotoxy(15,9);
  printf("Dame los valores del \"Diam. Ext.\" y del \"Interior\": ");
  scanf("%f,%f",&DE,&DI);
  if(DI)
          if(DE>DI)
          {
                  MI=PI*(pow(DE,4) - pow(DI,4))/64;
                  MPI=PI*(pow(DE,4) - pow(DI,4))/32;
                  gotoxy(15,11);
          printf("LOS MOMENTOS DE INERCIA Y POLAR DE INERCIA PARA S. ANULAR");
                  gotoxy(15,13);
                  printf("PARA UN DIAMETRO EXT = %f Y DIAM. INT = %f, ES: ",DE,DI);
                  gotoxy(15,15);
                  printf("MOMENTO DE INERCIA = %f",MI);
                  gotoxy(15,17);
                  printf("MOMENTO POLAR DE INERCIA = %f",MPI);
                  return(0);
          }
          else
          {gotoxy(25,18), printf("El Diam. Ext. debe ser mayor al Int.,...");
          return(0);}
  else

  {gotoxy(25,18), printf("Debe digitar 2 Valores,...");
  return(0);}
}

float calc_circular(void)
{          clrscr( );
//marco(); gotoxy(15,9);
  printf("Dame el valor del Diametro de la S. Circular: ");
  scanf("%f",&D);
  MI=PI*(pow(D,4) /64);
  MPI=PI*(pow(D,4) /32);
  gotoxy(9,10);
  gotoxy(15,11);
  printf("LOS MOMENTOS DE INERCIA Y POLAR DE INERCIA");
  gotoxy(15,12);
  printf("PARA UNA CIRCULAR DE DIAMETRO = %f, ES: ",D);
  gotoxy(15,14);
  printf("MOMENTO DE INERCIA = %f",MI);
  gotoxy(15,16);
  printf("MOMENTO POLAR DE INERCIA = %f",MPI);
  return(0);
}

float calc_rectan(void)
{          clrscr( );
//marco();
  gotoxy(5,9);
  printf("Dame los valores de la base y de la altura de la Secc. Rectángular: ");
  scanf("%f,%f",&B,&H);
  MI=B*pow(H,3)/12;
```

```
MPI=B*H*((pow(B,2) + pow(H,2))/12);
gotoxy(10,11);
printf("LOS MOMENTOS DE INERCIA Y POLAR DE INERCIA");
gotoxy(10,12);
printf("PARA UNA SECCION RECTANGULAR");
gotoxy(10,13);
printf("DE BASE = %f Y ALTURA = %f, ES: ",B,H);
gotoxy(15,15);
printf("MOMENTO DE INERCIA = %f",MI);
gotoxy(15,17);
printf("MOMENTO POLAR DE INERCIA = %f",MPI);
return(0);
}
```

Como se habrá observado, al inicio del programa se presentan los problemas mencionados anteriormente respecto a ligar este programa principal con un subprograma, el marco famoso.

De tal forma que sería una buena práctica, corregir ese problema como se realizó cuando hicimos los comentarios correspondientes como lo es el grabar el subprograma con la extensión ".h", sin embargo, como se supone que ya se realizó en aquella ocasión, este archivo cabecera ya está registrado y no es necesario volverlo a generar; simplemente hay que hacer los cabios en el programa principal que lo va a llamar para su ejecución.

Recuerde que la carátula de presentación que genera el subprograma tiene Encabezados, Títulos y Áreas específicas, por lo que los programas que vayan a utilizar este 'Marco', deberán ajustar las coordenadas de sus líneas de texto para la solicitud de Datos, así como, de las correspondientes para desplegar resultados e Información.

Habrá observado otra función que está marcada con color amarillo: '**delay()**', esta función, como su nombre lo indica, nos permite retardar el proceso del programa en ejecución, desde el momento en que se ejecuta y en una cuenta regresiva, de milésimas de segundo. En las versiones del compilador instalado normalmente en los equipos con Windows 8 y anteriores, la biblioteca que contenía su función prototipo era 'conio.h'; en la versión de Wx Dev-C++, no existe, por lo que se reemplaza con otra función equivalente: '**Sleep()**' –sí, con 'S' mayúscula-, cuya función prototipo está contenida en la biblioteca o Archivo Encabezado '**windows.h**'. De tal forma que parte de la práctica sería hacer esa modificación también y ver su comportamiento, lo que aunado con la iniciativa y creatividad del joven programador le permitirá darle alguna aplicación interesante.

PROGRAMAS REPETITIVOS

FUNCIÓN: "FOR()"

SIGNIFICADO LÓGICO.- La función **FOR()** es la recomendada para la estructuración y manejo de ciclos, por excelencia. Hay que definir cuál será la **VARIABLE DE CONTROL** o **CONTADORA** indicando cuál es **Su Valor Inicial** (en el primer argumento), que **Valor Final** alcanzará la variable o qué **CONDICIÓN** determinará el número de repeticiones que ejecutará el ciclo (segundo argumento); y cómo se irá **Incrementando** el valor de la variable de control en cada nueva ejecución del ciclo (tercer argumento).

Esta función equivaldría a definir un Contador (v.g. 'int c = 0;') estructurar el ciclo con las instrucciones o sentencias que lo conforman y establecer una condición por medio de una función 'IF()' para controlar la repetición del ciclo.

(v.g. **if(c > 10)**, la que determinará la repetición del ciclo (las instrucciones que lo forman), actualizando el contador (**c=c+1;)**, o bien, la terminación del ciclo.

Las instrucciones que forman el ciclo se repetirán mientras el valor del contador sea menor o igual que el valor especificado como valor final o valor límite de la variable; cuando sucede esto, el control del programa pasara a ejecutar las instrucciones que se encuentren después del ciclo.

Los incrementos son opcionales: si se omite, se asume que los incrementos serán positivos, de 1 en 1. Pueden especificarse decrementos, cuando es así, el valor inicial especificado debe ser mayor al valor final declarado. También pueden asignarse incrementos o decrementos fraccionales, lo que obligará a definir a la variable de control como tipo de dato flotante.

Algunas aplicaciones prácticas del uso de ciclos son: El Cálculo de Series Numéricas; Cálculo de Sumatorias y Factoriales; Cálculo de Áreas Bajo una Curva: (gráfica de una Función Matemática), que se verán en clases, entre otros. E infinidad de procesos y cálculos matemáticos en la práctica de la Ingeniería.

La estructura más sencilla para la ejecución de ciclos (loops o bucles) y también la más generalizada, es la formada por la función **FOR()**. En esta estructura hay que especificar cuál será el **VALOR INICIAL** que tendrá la **VARIABLE DE CONTROL o CONTADORA; cual será el VALOR MÁXIMO** al que llegará (o la **Condición** que lo determine), y cómo se irá **INCREMENTANDO** el **VALOR DEL CONTADOR** en cada nueva ejecución del ciclo. Estos elementos están contenidos en la primera parte de la Función –cabeza- que define el inicio del ciclo o bloque de instrucciones - cuerpo- a ejecutar en forma repetitiva.

SINTAXIS:

```
for (( < variable control = valor inicial >   { < valor final >  { < incr. >
      (  < inicialización de la variable >    ;  < condición >  ;  < actu >
         { sentencia 1;
           sentencia 2;
           ...,
           sentencia n;
         }
```

En donde la '**variable de control**' será una **variable numérica entera** que funcionará como contador del número de repeticiones que realizará el ciclo.

SÍMBOLO GRÁFICO CONVENCIONAL:

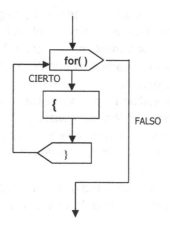

Recordando el tema de las Series Numéricas, construimos *'ciclos'* utilizando las funciones **IF()** y la sentencia GOTO. Para estructurar Ciclos de Procesos, los lenguajes de programación tienen una función específica que fue diseñada especialmente para la estructuración de Ciclos, reemplazando a aquéllas, es precisamente la función **FOR()**. Esta función tiene implícitamente un argumento –el segundo- en el cual se establece la condición lógica que será evaluada y dependiendo del resultado booleano que genere, se volverán a ejecutar las instrucciones que forman el cuerpo de la función, o bien, dejarán de ejecutarse. Con esta función se evita el uso de la sentencia GOTO manteniendo la modularidad y estructuración que se pudiera tener en un programa.

Las instrucciones que forman parte del cuerpo de la función se ejecutarán repetidamente mientras la evaluación nos dé un resultado lógico de *'cierto'*; si el resultado fuera *'falso'* el ciclo termina y el control de proceso del programa continuará secuencialmente a partir de la siguiente instrucción que se tenga después de la *'llave derecha'* (equivale en cierta forma al goto) que encapsula las instrucciones de la función.

La mecánica del funcionamiento de esta función se da de la siguiente forma: Cuando se inicia la ejecución de la función –gráficamente en el diagrama mostrado, se llega por la parte superior- tienen efecto el **primero** y **segundo** de los **argumentos**, esto es, se inicializa el valor de la variable de control y se evalúa la condición que involucra a esta variable; si el resultado de la evaluación resulta positiva o cierta, se ejecutarán las instrucciones que conforman el ciclo y llegando a la llave derecha, se transfiere el control al inicio nuevamente del FOR (indicado en el diagrama con la flecha de flujo de la izquierda).

Cuando sucede esto, tienen efecto el **tercero** y **segundos argumentos**, es decir, que se incrementará primero el valor de la variable de control –contador-, e inmediatamente pasa el control al segundo argumento para que la condición sea evaluada nuevamente; aplicando lo ya comentado anteriormente que se ejecutará el ciclo si se obtuvo un resultado cierto o, se terminará el ciclo (en el diagrama se visualiza con la flecha de flujo de la derecha), transfiriéndose el control de proceso a la primera instrucción que se encuentre a continuación del bloque de instrucciones que conforman al ciclo, inmediatamente después de la llave derecha.

Si se presentara el caso (muy remoto que suceda), podría utilizarse la instrucción GOTO para romper un ciclo, enviando el control fuera del ciclo, pero no se puede entrar a un ciclo, o iniciarlo, si no es a través del inicio de la función FOR, por su cabecera, ya que esta es la que registrará y actualizará los valores de la variable de control para determinar las veces que será ejecutado el ciclo.

De hecho se tienen 2 sentencias que se utilizan dentro de los ciclos para **reiniciar** un proceso antes de llegar al carácter de reciclamiento '}', o abortarlo en forma controlada, son '**continue**' y '**break**', de esta última ya se vio parte de su funcionamiento en el tema de la función switch() que en el manejo de ciclos se utiliza para romper un ciclo; la sentencia *continue* se utiliza para reciclar el proceso del ciclo antes de que se llegue al final del bloque de instrucciones. Esquemáticamente podemos visualizarlo gráficamente de la siguiente forma:

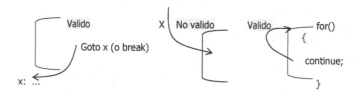

Los tres **argumentos** de la función **for()** son **opcionales**, de tal forma que es posible omitir alguno o todos ellos pero, el escribir los caracteres separadores del semi colon (;) sí son necesarios. Normalmente la estructuración de un ciclo se realiza conociendo *a priori* el número de iteraciones que se deben realizar, lo cual estará controlado por medio del segundo argumento que es donde se establece una condición que lo determinará. Sin embargo, habrá algunos procesos en los que no se sepa de antemano cuántas iteraciones se requerirán y dependerá de alguna situación interna del proceso que lo determine y se pueda '*romper*' el ciclo y transferir el control fuera del ciclo a través de la sentencia break. Para especificar la ejecución de un ciclo infinito, se pueden especificar los argumentos del for de la siguiente forma:

> **for (; 1 ;)**
> **{**
> **< Grupo de sentencias >**
> **}**

A continuación proporcionaré algunos códigos de programas interesantes utilizando la función FOR():

```
/* PROGRAMA QUE CALCULA EL PRODUCTO ACUMULADO
(FACTORIAL) DE UN NÚMERO
AUTOR: PROFR. SOLARES
ABRIL '93*/
#include <stdio.h>
#include <conio.h>
#include "marco.h"
int main()
{  int J,n;
   double fact;
   clrscr();
   Marco();
   gotoxy(25,6);
   clreol();
   printf("CALCULA FACTORIAL USANDO FOR()");
   gotoxy(15,10);
   printf("DAME EL NUMERO DEL QUE DESEAS SU FACTORIAL: ");
   scanf("%d",&n);
   fact=1;
   for (J=1;J<=n;J++)
   {
       fact = fact * J;
   }
   gotoxy(15,12);
   printf("El factorial de %d es = %g",n,fact);
   getch();
}
```

La pantalla de resultados se mostrará de la siguiente forma:

```
                    INSTITUTO POLITECNICO NACIONAL
                    E. S. I. M. E. - AZCAPOTZALCO
NOMBRE: (introduzca aqui su nombre)                    GRUPO: xxxx
           PRACTICA: CALCULA FACTORIAL USANDO FOR()

SECCION PARA SOLICITAR DATOS:

           DAME EL NUMERO DEL QUE DESEAS SU FACTORIAL: 7

           El factorial de 7 es = 5040




SECCION PARA DESPLEGAR RESULTADOS:
```

Retomando el código del programa que calcula los valores de cada uno de los términos de una Serie Geométrica, desarrollado con el uso de la función IF() y de la sentencia Goto, la versión del mismo programa pero utilizando la función FOR() es:

```
// PROGRAMA: GENERA SERIES GEOMETRICAS
// AUTOR:   M. SOLARES
// FECHA:   MZO '93
#include <stdio.h>
#include <conio.h>
#include "math.h"
main()
{ int a1, n, q, am, m, s=0;
   textattr(48);
   textcolor(5);
   clrscr();
   gotoxy(5,9), printf("Dame el 1er. Valor de la Serie, ");
   gotoxy(5,10), printf("el N£mero de T,rminos y la Raz¢n de cambio: ");
   scanf("%d,%d,%d",&a1,&n,&q);
   gotoxy(5,13), printf("La Serie es: ");
   gotoxy(5,15), printf("%d, ",a1);
   for(m=2;m<=n;m++)
   { am = a1 * pow(q,m-1);
      printf("%d, ",am);
      s = (q * am - a1)/(q - 1); }
   gotoxy(20,19);
   printf("La sumatoria de la serie es: %d ",s);
   getch();
}
```

Y la pantalla de resultados obviamente, debe ser la misma, observemos y comparemos:

```
Dame el 1er. Valor de la Serie,
el Número de Términos y la Razón de cambio: 1,7,2


La Serie es:

1, 2, 4, 8, 16, 32, 64,




                  La sumatoria de la serie es: 127
```

Como parte de una práctica se podría mejorar la presentación de esta pantalla agregando las instrucciones requeridas para que se le agregue la carátula de presentación, cambiar los colores de fondo y de frente de su elección para que le sea más agradable la visualización de los resultados (que lo realmente importante es que esos resultados sean correctos, lo demás son florituras).

CICLOS ANIDADOS

Una característica importante de la función **FOR()** es la posibilidad de utilizar Ciclos Anidados. Los Ciclos pueden anidarse de tal forma que cada uno de ellos, esté completamente contenido o integrado (ciclo interno o interior) dentro del otro (ciclo externo o exterior). Dos ciclos, anidados, no pueden compartir la misma Variable Contadora o de Control. Esquemáticamente podríamos visualizarlo de la siguiente forma:

```
for(i = 1; i <= m; i ++)
{ for(j = 1; j <= n; j ++)
   {
      ... proceso
   }
}
```

Los Ciclos Internos no se pueden cruzar con los externos.

El comentario hecho para los procesos con ciclos simples aplica para los procesos con ciclos anidados, con la diferencia de que por cada ejecución que se realice en el ciclo externo, el interno iniciará y terminará su ciclo completo.

Para que quede claro esta forma de operar, mostraré un programa que simplemente indicará cómo van variando los valores de los *índices* (así conocidas también las variables de control de la función for).

Así por ejemplo, si en un proceso controlado por dos ciclos anidados, el *externo* debe ejecutarse *2 veces* y dentro de éste, el *interno* se ejecutará *tres veces*, los valores que van teniendo cada uno de los índices, los mostrará la siguiente tabla de prueba de escritorio, apoyada por el correspondiente diagrama:

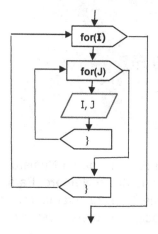

INDICE I	INDICE J	IMPRESIÓN
1	1	I=1; J=1
	2	I=1; J=2
	3	I=1; J=3
2	1	I=2; J=1
	2	I=2; J=2
	3	I=2; J=3

```
// PROGRAMA:  VARIACIÓN DE LOS ÍNDICES EN CICLOS
//           ANIDADOS CON FOR()
// AUTOR:     M. SOLARES
// FECHA:     MZO '93
#include <stdio.h>
#include <conio.h>
#include "math.h" main()
{ int I, J, m=2, n=3, c=35, r=8;
        textattr(48);
        textcolor(5);
        clrscr();
        for(I=1; I<=m; I++)
        {
            for(J=1; J<=n; J++)
            { gotoxy(c,r+J);
            printf("I=%d, J=%d", I,J); }
            r=r+4;
        }
        getch();
}
```

La pantalla generada es la que se muestra a continuación:

```
I=1, J=1
I=1, J=2
I=1, J=3

I=2, J=1
I=2, J=2
I=2, J=3
```

Otro ejemplo interesante similar al cálculo del Factorial de un Número, visto anteriormente, es el cálculo de la **Sumatoria de un Número**. Para resolver este algoritmo se requiere, necesariamente, estructurar un ciclo doblemente anidado para realizarlo y que su código sea breve y sencillo.

El **factorial** de un número es la multiplicación de los número que van desde el 1 hasta ese número. Para expresar el factorial se utiliza la notación **n!.** Veamos:

$$\mathbf{n!} \rightarrow \prod_{i=1}^{n} i = 1 \times 2 \times 3 \times 4 \times 5 \times ... \times (n-1) \times n$$

En forma similar, la **Sumatoria de un Número**, se expresa:

$$\sum_{i=1}^{n} i = 1 + 2 + 3 + 4 + 5 + ... + (n-1) + n$$

De tal forma que la **Doble Sumatoria de un Número** se presenta como:

$$\sum_{i=1}^{n} (\sum_{j=1}^{i} i) = (1) + (1+2) + (1+2+3) + ... + (1+2+3+...+n-1) + (1+2+3+...+n-1+n)$$

Si se desea calcular la **Doble Sumatoria de 4**, el cálculo es:
(1)+(1+2)+(1+2+3)+(1+2+3+4)
1 + 3 + 6   +   10 = 20

A continuación les proporciono el programa que realiza este cálculo, analícenlo, captúrenlo, compílenlo y ejecútenlo para tener otra aplicación de los ciclos anidados con la Función **for()**.

```
//Doble Sumatoria     "Autor: M. Solares     "Fecha: Mayo '93
#include "stdio.h"
#include "conio.h"
int main()
{ int i=1, j, n, s=0, t=0;
  textattr(6);
  clrscr();
  gotoxy(15,9);
  printf("\a \a Dame el Número del que deseas calcular la Doble Sumatoria: ");
  scanf("%d", &n);
  for (i=1; i <= n; i++)
  {
      for (j=1; j <= i; j++)
        s+=j;
      gotoxy(20,9+j);
      printf("La suma parcial es = %3d",s);
      t+=s;
      s=0;
  }
  gotoxy(20,20);
  printf("La suma total de la doble sumatoria = %3d",t);
  getch();
}
```

C:\Program Files (x86)\Dev-Wx\Fuentes\DoblSum.exe

```
Dame el Número del que deseas calcular la Doble Sumatoria: 4
        La suma parcial es =    1
        La suma parcial es =    3
        La suma parcial es =    6
        La suma parcial es =   10

        La suma total de la doble sumatoria =   20_
```

Abundando sobre el tema de los Ciclos, el Lenguaje **C** permite, para la función **for()**, la utilización de más de una sentencia y condiciones en sus argumentos, sin embargo, este tipo de construcción no funciona como ciclos anidados. Por ejemplo, si para el anterior programa aplicáramos esta posibilidad adecuando los valores de inicio de las variables y concatenando las condiciones, el siguiente código sería válido sintácticamente pero no funcionaría como un *ciclo anidado*:

```
for (i =1, j = 1 ; i <= 2, j <= 3 ; i++, j++)
{
/* Grupo de sentencias */
}
```

En esta construcción, las variables I y J se inicializan a 1 antes de comenzar a ejecutar el ciclo. En el segundo argumento se definen 2 condiciones, ambas se evalúan en el orden que se presentan, si alguna de ellas generase el resultado booleano de falso, la ejecución del ciclo (simple o sencillo) se termina. Después de ejecutarse el cuerpo de sentencias del ciclo, los índices I y J se incrementan en 1 y se recicla la ejecución de este, volviéndose a evaluar las condiciones establecidas y continúa el proceso descrito.

Como parte de la práctica hay que integrarle el Carátula de presentación como se ha hecho con algunos programas anteriores y fijar los colores que más les agraden. No olviden integrar el nombre de la misma.

Si bien es cierto que todos los Lenguajes de Programación incluyen funciones prototipo de las Funciones trigonométricas, como lo son la función Seno, Coseno, Tangente, étc., muestro a continuación un ejemplo muy ilustrativo de cómo hacer el cálculo de la Función Seno por **Aproximaciones**, lo que nos da la pauta para introducirnos a éste tipo de cálculos que serán las técnicas utilizadas en los diferentes **Métodos Numéricos**, cuya asignatura corresponde al siguiente nivel de acuerdo a la Estructura Curricular.

```
/* PROGRAMA:        SENO.C (Pruebe con x=2 y N = 9)
                    sen(x)= x - x3/3! + x5/5! - x7/7! +,...
DESCRIPCION:        Calcula la funcion SENO por aproximaciones.
AUTOR:              M. SOLARES.
FECHA:              17/XI/93 */

#include <stdio.h>
#include <conio.h>
#include <math.h>
main()
{ textattr(48);
textcolor(5);
int     i,j,n,c,signo=1;
double x,f=0,p=0,t=0.0,s=0.0;
clrscr();
gotoxy(15,7);
printf("Calculo de la Funcion Seno por Aproximaciones");
gotoxy(23,8);
```

```
printf("\a\aDame los valores de 'x' y 'n': ");
scanf("%lf,%d", &x, &n);
x=x*.017453;
for (i=1; i <= n; i++)
{
  c = (2*i) - 1;
  f = 1;
  for (j=1; j <= c; j++)
     f = f*j;
  p = pow(x,c);
  t = (p / f) * signo;
  s = s + t;
  signo = -signo;
}
gotoxy(15,12);
printf("El seno por aprox's = %10.6lf",s);
gotoxy(15,14);
printf("El seno por funci¢n = %9.6lf radianes.",sin(x));
getch();
}
```

Capturado el programa, Compilado y Ejecutado asignando los datos sugeridos para probarlo, la siguiente pantalla de resultados será que se despliegue:

```
Calculo de la Funcion Seno por Aproximaciones
Dame los valores de 'x' y 'n': 2,9


El seno por aprox's =    0.034899

El seno por función =  0.034899 radianes.
```

Algunas Aplicaciones prácticas -que se verán en clases- de los ciclos anidados, se presenta principalmente en:

* Cálculo de Funciones Matemáticas por aproximaciones (sumatoria de términos).
* Procesos con Arreglos (ordenación y búsqueda).
* Multiplicación de Matrices y muchísimas aplicaciones más para los cálculos (desde los sencillos hasta los más complejos) en la práctica de la Ingeniería.

FUNCIÓN "WHILE()":

$$\text{while} \left(\left\{ \begin{array}{l} <\text{condición}> \\ <\text{expresión}> \end{array} \right\} \right)$$

[{]
     < sentencia 1 >
     [< sentencia 2 >
       . . . ,
       < sentencia n >]
[}]

SÍMBOLO GRÁFICO:

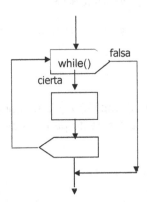

SIGNIFICADO LÓGICO.- La función **while()** es otra función para el manejo de ciclos, en donde la condición puede ser cualquier expresión cuyo resultado es cierto para cualquier valor diferente de cero y la(s) sentencia(s) puede ser cualquier postulado también valido. La condición es evaluada al inicio del ciclo y si genera como resultado el valor booleano de cierto, se ejecutará la sentencia o sentencias especificadas entre las llaves, repitiéndose su ejecución mientras la condición siga siendo cierta. Cuando la condición deja de ser cierta se transfiere el control fuera del ciclo, a la primera instrucción que se localice después de la llave derecha del mismo.

En forma similar a como funciona el **FOR**(), la función **WHILE**() comprueba la condición al inicio del ciclo por lo cual el código del mismo (las instrucciones que forman el cuerpo del ciclo) puede que no se ejecute ni una sola vez (si la condición desde el inicio resultara falsa).

Ejemplo:

```
...
int main()
{   char caracter;
    caracter = 0;
    while(caracter != "A")
    {caracter = getchar();}
    ....
}
```

En el anterior ejemplo, se está pidiendo que se introduzca un carácter desde el teclado y mientras éste no sea una letra "**A**" no avanzará a la siguiente sentencia o postulado que tuviera el programa.

Como podrá observar, esta función solo tiene un argumento, que es donde se establece la condición que determinará la ejecución o no del ciclo.

El programa del cálculo del Factorial de un número dado anteriormente, lo muestro a continuación en su versión con la función que nos compete:

```
/* PROGRAMA QUE CALCULA EL PRODUCTO ACUMULADO
(FACTORIAL) DE UN NÚMERO
Autor:      M. Solares
Fecha:      Abril '93*/
#include <stdio.h>
#include <conio.h>
main()
```

```
{
int j=0,fact,n;
clrscr();
gotoxy(25,10);
printf("DAME EL NUMERO DEL QUE DESEAS SU FACTORIAL: ");
 scanf("%d",&n);
 fact=1;
while(j < n)
{
  j = j+1;
  fact = fact * j;
}
gotoxy(25,12);
printf("El Factorial de %d es = %d",n,fact);
getch();
}
```

Como la función no tiene argumentos para la inicialización y el incremento de la variable de control, el ajuste o actualización deberá establecerse siguiendo la lógica del algoritmo del cálculo del Factorial. Observe y compare las codificaciones hechas con For() y While(); haga las pruebas de escritorio para comprobar que los resultados generados por ambas, son los mismos (como era lógico de esperar).

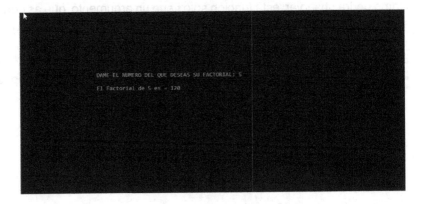

FUNCIÓN "DO-WHILE()":

```
do
[{]        < sentencia 1 >
    [< sentencia 2 >
    ...,
    < sentencia n > ]
[}]
while ( { < condición >
          < expresión > ) ;
```

El **Símbolo Gráfico** que se utiliza para los diagramas de flujo, por convención, es el mismo en cualquiera de los tres casos, con la diferencia que al inicio (o al final, según el caso) del símbolo en cuestión, se especifique el tipo de función que se esté utilizando.

A diferencia de como sucede con los ciclos **FOR**() y **WHILE**() que prueban la condición al principio del mismo, el **DO WHILE**() prueba la condición pero, hasta el final del mismo, lo que implica que *el ciclo siempre se ejecutará por lo menos una vez*.

Aunque las llaves como sabemos solo son necesarias cuando el ciclo se estructure con más de un postulado o sentencia, es recomendable usarlas para mayor claridad del programa.

Ejemplo:

```
...
int main()
{ int numero;
  do
  { numero = getnum( );}
  while(numero < 100);
  ....
}
```

En el ejemplo anterior, se leerán números enteros menores a 100, a través del teclado, hasta que se introduzca un número mayor a 100.

A continuación presento la aplicación de la función **do-while()** en la estructuración de un Menú de Procesos muy simple, que prácticamente es una muestra de cómo estructurar un Menú y de cuál es la sintaxis de la nueva función que estamos analizando:

```c
#include "stdio.h"
#include "conio.h"
main()
{       char op;
        do
        {   clrscr();
            printf("a). Opcion primera.\n");
            printf("b). Opcion segunda.\n");
            printf("c). Opcion tercera.\n");
            printf("    Cual es su Opcion ?: ");
            op = getchar();
            switch(op)
            {case 'a':
                    printf("a"); // proc_op_1();
                    break;
                case 'b':
                    printf("b"); //proc_op_2();
                    break;
                case 'c':
                    printf("c"); //proc_op_3();
            }
        } while(op != 'a' && op != 'b' && op != 'c');
    getch();
}
```

Una aplicación generalizada de la función (junto con la función **switch()**), es en la estructuración de *Menús de Procesos*, sin embargo se puede utilizar en cualquier proceso que implique procesos cíclicos.

De tal forma que retomando el ejemplo visto del cálculo del Factorial de un Número, a continuación proporciono el código para el mismo cálculo pero en esta ocasión resuelto con la función do-while(); compare los tres códigos y vean las diferencias que implicaron utilizar una u otra función.

```
/* PROGRAMA QUE CALCULA EL PRODUCTO ACUMULADO
(FACTORIAL) DE UN NÚMERO CON DO-WHILE()
Autor:   M. Solares
Fecha: Abril '93*/

#include "stdio.h"
#include "conio.h"
int main()
{ int i=1, n=1, fact;
        textbackground(BLUE);
        clrscr();
        gotoxy(20,10), printf("Dame el número del que desea factorial: ");
        scanf("%d",&fact);
        do{   n *= i;
            i ++;
          } while (i <= fact);
        gotoxy(20,12), printf("El factorial de %d es: %d",fact,n);
        getch();
}
```

Al ejecutar este programa, la pantalla que nos genera es la que mostramos a continuación:

Seleccionar C:\Program Files (x86)\Dev-Wx\Fuentes\ForDO.exe

Dame el numero del que desea factorial: 5

El factorial de 5 es: 120

Ahora bien, en forma similar de cómo funcionan los ciclos anidados en la función **for()**, opera con los ciclos estructurados con la función **do-while()**: el ciclo *externo* tiene prioridad o, en otras palabras, comanda al ciclo *interno*; generalmente el *externo* determina a través de la condición especificada, el continuar o terminar el proceso del programa, mientras que el *interno* controla el desplegado de las opciones de proceso del Menú y utilizando la función **switch()**, controlarán la ejecución de los procesos que estén programados. Veamos ejemplo alusivo a lo comentado:

```
//MENU CON DOBLE DO
//Autor: M. Solares
#include "stdio.h"
#include "conio.h"
#include "math.h"
#include <windows.h>
#include "dos.h"
int main()
{ int op;
float D=0, T=0, V=0, Vi=0, Vf=0, F=0, M=0, A=0, Ec=0, Ep=0;
textbackground(3);
textcolor(14);
clrscr();
do {
   do {
      clrscr();
      gotoxy(35,5), printf("CALCULOS DE FISICA ");
      gotoxy(25,8), printf(" 1. Calcula la Velocidad.");
      gotoxy(25,10), printf(" 2. Calcula la Aceleracion");
      gotoxy(25,12), printf(" 3. Calcula el Trabajo");
      gotoxy(25,14), printf(" 4. Calcula el Momento");
      gotoxy(25,16), printf(" 5. Calcula la Energia Cinetica");
      gotoxy(25,18), printf(" 6. Calcula la Energia Potencial");
      gotoxy(25,20), printf(" 7. Terminar");
      gotoxy(35,22), printf(" Cual es tu opcion?: ");
      scanf("%d",&op);
} while (op < 1 || op > 7);
switch (op)
{case 1:
      clrscr();
   gotoxy(20,11),printf("Dame los valores de la Distancia y del Tiempo: ");
      scanf("%f,%f", &D,&T);
      V = D/T;
      gotoxy(20,11); clreol();
      printf("La Velocidad es: %f m/s", V);
      break;
```

```
    case 2:
        clrscr();
        gotoxy(10,11), printf("Dame los valores de la Vel. Inicial, Final y del Tiempo: ");
        scanf("%f,%f,%f", &Vi,&Vf,&T);
        A = (Vf-Vi)/T;
        gotoxy(10,11), clreol();
        printf("La Aceleracion es: %f m/s2", A);
        break;
    case 3:
        clrscr();
        gotoxy(20,11), printf("Dame los valores de la Fuerza y la Distancia: ");
        scanf("%f,%f", &F,&D);
        T = F*D;
        gotoxy(20,11), clreol();
        printf("El Trabajo es: %f Joules", T);
        break;
    case 4:
        clrscr();
        gotoxy(20,11),printf("Dame los valores de la Fuerza y la Distancia: : ");
        scanf("%f,%f", &F,&D);
        M = F*D;
        gotoxy(20,11);clreol();
        printf("El Momento es: %f Nm", M);
        break;
    case 5:
        clrscr();
        gotoxy(20,11),printf("Dame los valores de la Masa y la Velocidad: ");
        scanf("%f,%f", &M, &V);
        Ec = (M*pow(V,2)/2);
        gotoxy(20,11);clreol();
        printf("La Energía Cinética es: %f Joules", Ec);
        break;
    case 6:
        clrscr();
        gotoxy(20,11),printf("Dame los valores de la Masa y la Altura: ");
        scanf("%f,%f", &M,&A);
        Ep = M*A*9.81;
        gotoxy(20,11);clreol();
        printf("La Energía Potencial es: %f Joules", Ep);
        break;
    case 7:
        clrscr();
        gotoxy(20,12);
        cprintf("Hasta la vista,...");
    }
    Sleep(4000);
} while (op != 7);
}
```

```
                    CALCULOS DE FISICA

             1. Calcula la Velocidad.

             2. Calcula la Aceleracion

             3. Calcula el Trabajo

             4. Calcula el Momento

             5. Calcula la Energia Cinetica

             6. Calcula la Energia Potencial

             7. Terminar

                    Cual es tu opcion?: 4_
```

```
    Dame los valores de la Fuerza y la Distancia: : 100,100
```

```
        El Momento es: 10000.000000 Nm_
```

Como podrá deducir el educando, después de haber analizado las Estructuras de Control generales en la programación y haber desarrollado los programas que se escribieron de muestra, estará capacitado para realizar sus propios Programas, utilizando aquellos como guías y, en caso de dudas, su profesor le ayudará a aclararlas y obtener mejores resultados.

SECCIÓN DE PREGUNTAS

PREGUNTA 1.- EL "SCANF()" Y "PRINTF()": RESPUESTA:

    A).- SON FUNCIÓNES.
    B).- SOLO SE USAN PARA INTRODUCIR DATOS POR EL TECLADO.
    C).- SIEMPRE DEBEN CODIFICARSE JUNTAS.
    D).- SON INSTRUCCIONES DE TURBO C.
    E).- TODOS LOS INCISOS ANTERIORES SON CIERTOS.

PREGUNTA 2.- LOS ESPECIFICADORES DE FORMATO: "%c, %f, %d, %i, %o Y %x": RESPUESTA:

    A).- PUEDEN ESPECIFICARSE TANTO EN EL SCANF() COMO EN EL PRINTF().
    B).- SINTÁCTICAMENTE, SE ESCRIBEN DENTRO DE LAS COMILLAS.
    C).- DEBEN DEFINIRSE TANTOS COMO DATOS HAYAN EN LA REFERENCIA.
    D).- EL INCISO 'A' Y 'C' SON CORRECTOS.
    E).- TODOS LOS INCISOS SON CORRECTOS.

PREGUNTA 3. CONTESTE LO QUE VIENE A CONTINUACIÓN

LA FUNCIÓN: "IF()" ES PARA TRANSFERIR EL CONTROL EN FORMA CONDICIONAL. "GOTO" PARA TRANSFERENCIAS INCONDICIONALES; "SWITCH" PARA TRANSFERENCIAS MÚLTIPLES CONDICIONALES.

RESUESTA:

    A). FALSO.
    B). CIERTO.

PREGUNTA 4: RESPONDA A LO QUE SE PIDE EN CADA CODIFICACIÓN.

¿QUÉ SALIDAS OBTENEMOS CON ESTE PROGRAMA? (ASUMA A=5, B=4 y C=8)

```
#include <stdio.h>
int main()                          RESPUETAS:
{   int A,B,C=1,D;
```

```
printf("Dame los valores\
de A,B y C");
scanf("%d,%d,%C",&A,&B,&C);
xx: if(C>3)
    goto fin;
D=A*B+C;
C=C+1;
goto xx;
printf("D=%d",D);
fin: getch();
}
```

A). NINGUNA

B). 5,4,8,7

C). 28

D). 1

PREGUNTA 5: RESPONDA A LO QUE SE PIDE EN CADA CODIFICACIÓN.

¿CUÁLES SON LAS SALIDAS DE ESTE PROGRAMA? (Asuma: A=356 y B=950)

```
#include <stdio.h>
int main()
{   int A,B,X;
    printf("Dame los valores\
    de A y B");
    scanf("%d,%d",&A,&B);
    if(A >= B)
      X=A;A=B;B=X;
    printf("A=%d, B=%d y X=%d",A,B,X);
    getch();
}
```

RESPUESTAS:

A). 950,356,356

B). 356,356,356

C). 356,950,0

PREGUNTA 6: RESPONDA A LO QUE SE PIDE EN CADA CODIFICACIÓN. HAGA LAS PRUEBAS DE ESCRITORIO CORRESPONDIENTES A ESTE PROGRAMA Y DIGA CUÁL ES EL ÚLTIMO VALOR QUE SE IMPRIME.

```
#include <conio.h>
#include <stdio.h>
int main()
{   int S;
    S=0;
    S=S+2;
    S=S/2;
```

RESPUESTAS:

A). 5

B). 30

C). 7.5

```
S=S*5;
S=S+S/2;                        D). 0
S=(S+S)*2;
S=printf("El valor de S=%d",S);
getch();
}
```

PREGUNTA 7: RESPONDA A LO QUE SE PIDE EN CADA CODIFICACIÓN. ESTE PROGRAMA TIENE UN ERROR DE LÓGICA. ¿QUÉ INSTRUCCIÓN PROPONDRÍA PARA CORREGIRLO, PARA QUE SOLO IMPRIMA EL VALOR DE 'z' TRES VECES?.

```
#include <stdio>
int main()                      RESPUESTAS:
{   int c,x,y,z;
    c=1;                        A). EN LUGAR DEL goto cc: "if(c>3)
    printf("Dame los valores de\                    goto cc;"
    'x' y 'y': ");              B). EN LUGAR DEL goto cc: "goto ff:"
    scanf("%d,%d",&x,&y);
cc: z=pow(x,2)*pow(y,3)/33      C). INSERTANDO ANTES DEL goto cc:
    printf("z=%d",z);                         "if(C <= 3)"
    c=c+1;                      D). INSERTANDO ANTES DEL goto cc:
    x=x*10;                                   "goto ff;"
    goto cc;
ff: printf("Fin del programa");
    getch();
}
```

PREGUNTA 8.- DESARROLLE UN PROGRAMA (Diagrama de Flujo y Pruebas de Escritorio), QUE GENERE LA SIGUIENTE SERIE, HASTA EL 6to TÉRMINO Y DIGA CUÁL ES EL VALOR DEL SEXTO TÉRMINO:

1, 2, 6, 24, 120, ...

RESPUESTA:

A).- 360.   B).- 720.   C).- 240   D).- 580   E).- 910

PREGUNTA 9: UNA SERIE NUMÉRICA ES UNA SECUENCIA DE NÚMEROS EN LA QUE LA DIFERENCIA DE UN TÉRMINO AL SIGTE. -EN

VALOR- ES CONSTANTE. UNA SERIE NUMÉRICA ES EQUIVALENTE A UNA PROGRESIÓN ARITMÉTICA.

RESPUESTAS:

a) LA PRIMER ASEVERACIÓN ES CORRECTA; LA SEGUNDA, NO.
b) LA SEGUNDA AFIRMACIÓN ES CORRECTA; LA PRIMERA, NO.
c) AMBAS SON CORRECTAS.
d) NINGUNA DE LAS DOS AFIRMACIONES SON CORRECTAS.

PREGUNTA 10: UNA SERIE NUMÉRICA O SUCESIÓN ARITMÉTICA, ¿ES EQUIVALENTE A UNA SUCESIÓN GEOMÉTRICA?

RESPUESTAS:

a) SI, SON IGUALES: EN EL PRIMER CASO, EL INCREMENTO ES CONSTANTE; EN EL SEGUNDO CASO, LA DIFERENCIA ES LA CONSTANTE.
b) NO, SON DIFERENTES. EN EL PRIMER CASO, LA DIFERENCIA ENTRE LOS TÉRMINOS ES CONSTANTE; EN EL SEGUNDO CASO, LO QUE ES CONSTANTE ES LA RAZÓN DEL INCREMENTO ENTRE TÉRMINO Y TÉRMINO.

PREGUNTA 11: ¿QUÉ FUNCIÓN SE UTILIZA PARA EL MANEJO DE CICLOS, BUCLES O LOOPS?

RESPUESTAS:

a) LA FUNCIÓN "IF()" QUE EN COMBINACIÓN CON "GOTO", NOS PERMITE CONTROLAR LOS CICLOS.
b) LA FUNCIÓN "WHILE()", COMO SE VIO EN CLASE, ES LA RECOMENDADA A UTILIZAR.
c) LA FUNCIÓN "FOR()".
d) TODAS SON CORRECTAS.

PREGUNTA 12: ¿CUÁL ES LA SINTAXIS CORRECTA DE LA FUNCIÓN "FOR()" ?

RESPUESTAS:

a) for(i=1, i<=m, i++);

b) for (i=1; i<=n; ++i)
c) for(i=1; i<=x; 1++)
d) for (i=1, i<=n, ++1)
e) NINGUNA ES CORRECTA.

PREGUNTA 13: ¿ES PERMITIDO UTILIZAR LA INSTRUCCIÓN "GOTO" DENTRO DE UN CICLO ESTRUCTURADO CON LA FUNCIÓN "FOR()"?

RESPUESTAS:

a) SI.
b) NO.

PREGUNTA 14: ¿EN QUÉ CASOS SE UTILIZAN LAS ESTRUCTURAS DE CICLOS ANIDADOS?

RESPUESTAS:

a) PARA CALCULAR ÁREAS BAJO UNA CURVA.
b) PARA CALCULAR FUNCIÓNES MATEMÁTICAS.
c) PARA CALCULAR DOBLES SUMATORIAS.
d) PARA CALCULAR FACTORIALES.
e) PARA LO INDICADO EN TODOS LOS INCISOS ANTERIORES.

PREGUNTA 15: ¿QUÉ INSTRUCCIÓN SE DEBERÍA UTILIZAR PARA DESARROLLAR UN PROGRAMA QUE CONTROLE Y PROCESE UN MENÚ DE OPCIONES?

RESPUESTAS:

a) LA FUNCIÓN "IF()" AUXILIADA DE LA DE "GOTO", PARA DIRECCIONAR LOS PROCESOS A SER EJECUTADOS.
b) LA FUNCIÓN DE TRANSFERENCIA DE CONTROL MÚLTIPLE DENOMINADA "SWITCH()".
c) LA FUNCIÓN QUE TIENE "C" DENOMINADA "MENU()".
d) UNA COMBINACIÓN DE TODAS ELLAS.

PREGUNTA 16: UNA FUNCIÓN DE USUARIO O 'SUBRUTINA' ES:
RESPUESTAS:

a) UN CONJUNTO DE INSTRUCCIONES QUE SE EJECUTAN EN FORMA RUTINARIA.
b) UN CONJUNTO DE INSTRUCCIONES QUE SE ENCUENTRAN CODIFICADAS DENTRO DE UNA 'RUTINA' (CONJUNTO) DE INSTRUCCIONES.
c) UN SUBPROGRAMA QUE SE EJECUTA CUANDO ES INVOCADO.
d) UN CONJUNTO DE INSTRUCCIONES QUE REALIZAN UNA FUNCIÓN ESPECÍFICA DENTRO DE UN PROGRAMA.
e) TODOS LOS INCISOS ANTERIORES SON CORRECTOS.

PREGUNTA 17: ¿PARA QUÉ NOS SIRVE TRABAJAR CON FUNCIONES DEFINIDAS POR EL USUARIO DENTRO DE UN PROGRAMA?

RESPUESTAS:

a) PARA EVITAR ERRORES DE CONCEPTO O DE CODIFICACIÓN.
b) PARA FACILITAR LA CODIFICACIÓN DE UN PROGRAMA.
c) PARA TENER UNA ESTRUCTURA CLARA Y FÁCIL DE MANTENER.
d) NINGÚN INCISO ES CORRECTO.
e) LOS PRIMEROS 3 INCISOS SON CORRECTOS.

PREGUNTA 18: ¿QUÉ REQUIERE UNA SUBRUTINA PARA ESCRIBIRSE CORRECTAMENTE?

RESPUESTAS:

a) DEFINIRLA AL FINAL (DESPUÉS), DE LA FUNCIÓN PRINCIPAL 'MAIN()'.
b) DELIMITARLA CON LA INSTRUCCIÓN 'RETURN()'.
c) DECLARARLA ANTES DE LA FUNCIÓN 'MAIN()'.
d) SOLO LOS INCISOS 'a' Y 'c' SON CORRECTOS.
e) LOS INCISOS 'a', 'b' Y 'c' SON CORRECTOS.

CAPÍTULO IV. ESTRUCTURA DE DATOS.

En este capítulo, se mencionará cómo almacenar datos homogéneos requeridos para procesos muy particulares, globalizadores, en los que todos esos datos intervengan para realizar un solo proceso específico.

Se estudiará lo que son los Arreglos Unidimensionales, Vectores o Listas, los Arreglos Bidimensionales Matrices o Tablas y, finalmente se dará una breve explicación de lo que son los Apuntadores tipo carácter, tipo Numérico Entero y Apuntadores tipo Flotante. Terminando con la propuesta de un procedimiento para desarrollar Menús de Procesos.

ARREGLOS UNIDIMENSIONALES: (VECTORES, LISTAS)

En nuestro curso de **C** aprendimos que la función **FOR()** se utiliza para programar la ejecución de Ciclos, esto es, un Conjunto de Instrucciones que se repetirán un número determinado de veces, para ejecutar un mismo proceso con diferentes datos; pero además, podríamos decir que ésta Instrucción pareciera haber sido diseñada para la manipulación de Arreglos, esos elementos que nos permiten almacenar y utilizar un gran número de Datos Homogéneos en procesos globalizadores muy comunes en la práctica.

Como ya sabemos, la computadora se diseñó para manejar grandes volúmenes de Datos a muy altas Velocidades de Proceso, esta es una de sus funciones principales (otra lo sería su capacidad de ejecución de cálculos); en la práctica nos vamos a encontrar con problemas en los que hay que introducir un gran número de datos agrupados o Clasificados en familias para ser procesados en forma conjunta.

En procesos en los que se requiere usar un gran número de Variables las cuales tienen características similares y el proceso de éstas requiera darles un tratamiento integrativo, esto es, considerar cada variable como una sola parte de un todo, el seguir, como hasta ahora, tratando las variables en forma individual, haría inoperable al programa al mismo tiempo que disfuncional, ya que el proceso requiere analizar los datos en forma global en función de sus magnitudes o contenidos, más que por sus nombres.

Por ejemplo: supongamos que en un proceso estadístico, se desea saber Cuántos Alumnos hay en una escuela por salón; nos interesa saber cuál es la Población de Alumnos por Grupo, lo que implica que hay que dar un **tratamiento 'Global'**, por grupo, a los datos, y no Individual por Alumno; en éste caso, no interesa saber si en un determinado grupo existe una persona de nombre Pito Pérez o Juan sin Mancha, sino sobre todo el conjunto, sobre una magnitud resultado de las Individualidades (alumnos) de cada grupo. Así, en lugar de tratar con los Nombres de los Alumnos -que harían las veces de los Nombres de las Variables a utilizar en la Computadora- en forma individual, tratamos con un grupo de ellos, identificados en Conjunto, por Grupo o por Salón.

Para este tipo de procesos en los que hay necesidad de manejar los datos en forma Conjunta, Integradora o Globalizadora, es que se diseñó el manejo de Arreglos en la Computadora.

Podríamos decir que **un Arreglo es**: Un Conjunto Ordenado de Elementos (inicialmente Localidades de Memoria Vacías), dispuestos en Filas y Columnas (o solo filas o solo columnas, según el caso), que tienen cierta relación afín entre sí, identificados todos ellos por un mismo Nombre pero, diferenciados por su posición. Cuando se estructuran en Renglones y Columnas, reciben el nombre de Arreglos Bidimensionales o Tablas (matemáticamente, Matrices); o bien, cuando solo presentan una sola Columna o Renglón, reciben el nombre de Arreglos Unidimensionales o Listas (matemáticamente, Vectores).

Una Lista es un arreglo unidimensional que como su nombre lo indica agrupa o enlista una serie de elementos afines para ser procesados en conjunto, uno tras otro.

<u>Los elementos de un arreglo se almacenan en Memoria en Localidades</u> <u>Consecutivas</u>: todas ellas <u>se identifican con un mismo Nombre</u> <u>diferenciadas por su posición</u> (como ya lo habíamos mencionado), <u>indicada ésta posición por medio de un Argumento identificado como</u> <u>Índice entre corchetes</u>, el cual puede ser una constante numérica entera, expresión o nombre de variable que representen, un número entero, que indicará a cuál de todos los elementos dentro de una determinada lista, se está haciendo referencia.

De tal forma que, para referirnos a un determinado elemento de una Lista, tendremos que especificar primero el Nombre del Arreglo (o Lista), donde se encuentra y, entre corchetes, indicar la Posición que ocupa el elemento dentro del arreglo.

<u>En **C** las posiciones de los elementos de un arreglo se especifican en</u> **Posiciones Relativas y no Absolutas** como en otros Lenguajes; de tal forma que para referirnos al primer elemento de una 'Lista', tendremos que ubicarla en la Posición '0' (cero) y nó en la '1' (uno), por ejemplo:

A[4]

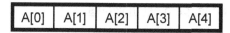

En este caso tenemos un arreglo unidimensional que consta de cinco elementos (A[4] = tamaño del arreglo); todos los elementos se identifican con el mismo nombre: **"A"** (nombre del arreglo) y están en **posiciones de memoria consecutivas (vacías inicialmente),** pero cada uno de ellos ocupa una posición en particular dentro del arreglo, iniciando desde la posición cero.

Para poder trabajar con arreglos dentro de un programa, debemos de **Declarar y Definir tres aspectos del arreglo**: <u>El Tipo de Datos</u> <u>que almacenará</u> (números o caracteres), <u>el Nombre con el que se</u> <u>identificarán</u> todos sus elementos y <u>el Tamaño que tendrá el Arreglo</u> (cuántos elementos contendrá). Una sola Cláusula o Instrucción de **C**, define éstos tres aspectos de un arreglo y se escribe precisamente en la parte de definición de Variables, inmediatamente después de la función 'MAIN':

...

main()
{
    float A[4];
...

Como se observa, estamos definiendo un arreglo de nombre 'A' que tiene un tamaño de 5 elementos (posiciones de memoria, consecutivas) y que contendrá números de punto flotante o parte fraccional. Entre corchetes está el argumento o índice que indica, en este caso, el tamaño del arreglo.

No hay límite prácticamente para la cantidad de elementos que puede tener un arreglo (tamaño del arreglo), la única limitante sería la cantidad de Memoria Central que tenga la Computadora en cuestión.

En otros lenguajes de programación hay instrucciones específicas para Dimensionar un Arreglo (dar el tamaño), en **C**, como vimos, **una sola instrucción realiza tres funciones al mismo tiempo.**

Sin embargo, hasta el momento solo hemos especificado el Tipo, Nombre y Tamaño del Arreglo que usaremos, **solo tenemos localidades de memoria reservadas,** pero están vacías.

El siguiente paso sería cargar o introducir datos al arreglo (almacenarlos) para posteriormente realizar los procesos que sean requeridos con esos datos.

Y como habíamos dicho al principio, se tiene una Instrucción, Postulado o Función (como se le desee nombrar), que tiene una relación directa con la manipulación de Arreglos: FOR(), ésta, una vez definido o declarado el arreglo, se utiliza tanto para almacenar los datos, procesarlos e Imprimir o Desplegar los contenidos o resultados.

La estructura básica simple de programación para realizar éstas tareas, es la siguiente:

```
for(i=0; i<n; i++)
{ <instrucción (es) que correspondan según
    el proceso deseado: leer, procesar o imprimir>
}
```

En donde vemos que se inicia el acceso (ciclo de) desde el primer elemento del arreglo, especificado por su posición relativa '0'; los avances serán de uno en uno y el límite del arreglo (su tamaño) lo define el valor de 'n' (si el tamaño es A[4], 'n' deberá ser 4).

LECTURA O ALMACENAMIENTO DE DATOS.

El **acceso** normalmente **a un arreglo unidimensional,** es de izquierda a derecha con avances de uno en uno en forma consecutiva, o de arriba hacia abajo (en caso de visualizarlo en forma vertical), también en forma secuencial. Sin embargo, y de acuerdo con las necesidades particulares de los procesos, se podría accesar una determinada 'celda' de un arreglo en forma directa sin tener que accesar ninguna otra previamente; si este fuera el caso, obviamente no se utilizaría la función **FOR()** para accesar una celda en particular, ya que **For()** accesaría todas y cada una de las celdas de un arreglo. Lo importante en este caso, sería especificar correctamente la posición de la celda dentro del arreglo, a la que se desea acceder.

Por ejemplo: si deseáramos introducir el valor de 1.6234 en la tercera celda de un arreglo definido como en el ejemplo anterior, la instrucción que haría lo anterior es:

```
        ...
        main()
        {
            float A[4];
        ...
            A[2] = 1.6234;
        ...
```

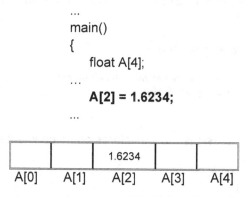

Observe que únicamente se introdujo un dato en la celda deseada y las demás celdas permanecen vacías.

Si deseáramos introducir los valores '1, 2, 3, 4 y 5' a cada una de las celdas del arreglo, en este orden mostrado, la rutina de programación que lo realizaría es:

```
...
main()
{
int i=0;
float A[4];
for (i=0; i<4; i++)
    {
    A[i] = i+1;
    }
...
}
```

i	A[i]	
0	0+1	= 1
1	1+1	= 2
2	2+1	= 3
3	3+1	= 4
4	4+1	= 5

A[0]	A[1]	A[2]	A[3]	A[4]
1	2	3	4	5

En este ejemplo estamos haciendo la asignación de valores aprovechando los valores que se generan con el índice del ciclo ('i') pero como inician desde cero, les agregamos la unidad a cada valor de 'i' para poderlo asignar.

Otra forma de hacer lo anterior sería solicitando la introducción de datos desde el teclado:

```
for (i=0; i<4; i++)
{
    printf("Dame el valor del elemento A[%d] ", i);
    scanf("%f",&A[i]);
}
```

Otra forma lo sería asignando los valores como constantes numéricas:

```
main()
{
float A[4] = {1,2,3,4,5};
...,
```

Y otra más, lo sería asignar los valores directamente:

```
main()
{
    float A[4];
```

```
...,
A[0] = 1;
A[1] = 2;
A[2] = 3;
A[3] = 4;
A[4] = 5;
...,
```

No, no hay error, asignar un número entero a un arreglo definido como de punto flotante no es erróneo, lo inverso si se pudiera considerar como error.

OPERACIONES ARITMÉTICAS CON ARREGLOS.

En forma similar de cómo funcionan las operaciones aritméticas con uso de variables (A = B + C), de igual forma funcionan las operaciones aritméticas con arreglos, con la diferencia de que en lugar de ser un solo valor a considerar, en este caso serán 'n' valores, de acuerdo a los tamaños de los arreglos considerados. Lo importante aquí es que los elementos de los diferentes arreglos que se considerarán para las operaciones se tomarán en correspondencia a sus posiciones.

Por ejemplo: si se tienen dos arreglos **A[2]** y **B[2]** y se desean sumar para generar el arreglo **C[2]**, el primer elemento del arreglo resultante **C[0]**, se calcula tomando el primer elemento del primer arreglo **A[0]** y sumándole el primer elemento del otro arreglo **B[0]**; el segundo elemento del arreglo resultante **C[1]** se calcula tomando el segundo elemento del primer arreglo **A[1]** y sumándole el segundo elemento del otro arreglo **B[1]**, etc.:

		A			B			C	
	A[0]	1		B[0]	2		3	C[0]	
C[i] = A[i] + B[i];	A[1]	2	+	B[1]	4	=	6	C[1]	
	A[2]	3		B[2]	6		9	C[2]	
	A[3]	4		B[3]	8		12	C[2]	
	A[4]	5		B[4]	10		15	C[2]	

Para las demás operaciones funciona en forma similar:

C[i] = A[i] - B[i]; C[i] = A[i] * B[i]; C[i] = A[i] / B[i]

El programa correspondiente a la Suma de los valores de los dos vectores mostrados anteriormente, con los valores almacenados en ellos es:

```c
//Programa que Suma dos arreglos de 11 elementos, desplegando el vector resultante
// Autor:Miguel Solares.
# include <stdio.h>
# include <conio.h>
int main()
{ int i,n,A[10]={0}, B[10]={0}, C[10]={0};
   textbackground(8);
   textcolor(2);
   clrscr();
   gotoxy(10,7);
   printf("Introduce el Número de elementos que serán sumados (desde 2 a 11): ");
   scanf("%d",&n);
   gotoxy(10,7);
   printf("Introduce los valores para el Vector A y B 'separados por comas': \n");
   for (i=0;i<n;++i)
   { gotoxy(10,8);
     printf("Dame los valores A[%d] y B[%d]: ",i,i);
     scanf("%d,%d",&A[i],&B[i]);
     gotoxy(40,8), clreol();}
gotoxy(10,i+4);
```

```c
   printf("El Vector resultante de la Suma es: ");
   for (i=0;i<n;i++)
   { C[i] = A[i]+B[i];
     gotoxy(10,11+i);
     printf("%d",C[i]);}
   getch();
}
```

Los Arreglos <u>no solamente nos sirven para ejecutar operaciones Aritméticas, sino también operaciones Lógicas</u>. Por ejemplo: supóngase que se tiene un 'vector' de cinco elementos (celdas), se introducen números enteros en desorden y se desea que sean ordenados (clasificados) de mayor a menor: el algoritmo que se utiliza para realizar esta tarea es:

?   x[i] < x[j];   x[i] ↔ x [j], con: **i=1, n-1 y j=i+1, n**

(Es cierto?   Permutación   variación de los índices)

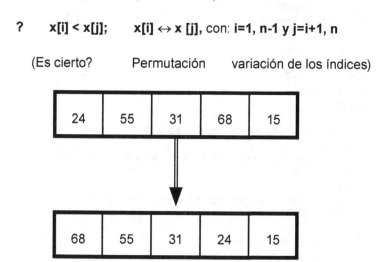

Proceso que consiste en ir comparando uno a uno (uno a la vez) los valores desde la celda inicial hasta el penúltimo (n-1) valor, contra los valores del resto de celdas, iniciando desde el elemento inmediato posterior del elemento **pivote** (elemento base de comparación), hasta el último (enésimo) elemento, **por medio de un doble ciclo** -necesariamente-. El más externo que controlará el avance del elemento pivote y, el interno, que recorrerá el resto de los elementos para hacer las comparaciones y ajustes requeridos. Analice el programa anexo.

```
/* PROGRAMA QUE CLASIFICA DE MAYOR A MENOR UN ARREGLO
   UNIDIMENSIONAL (VECTOR) EN FORMA DINAMICA
AUTOR: M. SOLARES */

# include <stdio.h>
# include <conio.h>
# include <windows.h>
int main()
{int a[9]={0},i,j,x,n=0;
denuevo:
textbackground(3);
textcolor(14);
clrscr();

/* Solicita el numero de elementos del vector   */
   gotoxy(15,7);
   printf("Dame el numero de elementos del vector (max. 9): ");
   scanf("%d",&n);
   if (n < 1 || n > 9)
   { printf("El numero de elementos, debe estar entre 1 y 9");
     Sleep(2000);
     goto denuevo;}
/* Carga los valores al vector */
   for (i=0;i<n;++i)
        {gotoxy(15,9+i);
         printf("Dame el elemento a[%d]: ",i+1);
         scanf("%d",&a[i]);}

/* Ciclo anidado que realiza el ordenamiento */
   for (i=0;i<n-1;++i)
        for (j=i+1;j<n;++j)
        { if(a[i] >= a[j])
               continue;
          else
          {    x=a[i];
               a[i]=a[j];
               a[j]=x;}
        }
```

```
/* Despliega los valores ordenados */
   gotoxy(4,19);
   printf("Los valores ordenados quedan: ");
   for(i=0;i<n;++i)
        printf("%5d",a[i]);
   gotoxy(15,21);
   printf("Presione Cualq. tecla p/regresar,...");
   getch();
```

```
Dame el numero de elementos del vector (max. 9): 5

Dame el elemento a[1]: 24
Dame el elemento a[2]: 55
Dame el elemento a[3]: 31
Dame el elemento a[4]: 68
Dame el elemento a[5]: 15




Los valores ordenados quedan:    68   55   31   24   15

         Presione Cualq. tecla p/regresar,....
```

IMPRESIÓN O DESPLEGADO DEL CONTENIDO DE UN ARREGLO

Una vez que ya se tiene realizado el proceso requerido con los datos de un arreglo, el siguiente paso sería desplegar los resultados en el monitor o imprimirlos. De hecho, esto ya se ha mostrado con los programas vistos anteriormente

La rutina del proceso que se requeriría para imprimir en forma horizontal los elementos del arreglo mencionado en el caso anterior es:

```
...,
for (i=0; i<n; i++)
    printf("%f",A[i]);
...,
```

En caso de que se deseara imprimir un elemento por renglón (en columna) solamente habría que agregar a la función **printf()** después de la especificación de formato (%f), el indicador de salto de línea (secuencia de escape): ' **\n** '.

ARREGLOS BIDIMENSIONALES: (MATRICES, TABLAS)

De acuerdo con la definición dada al inicio, una Matriz o Tabla, será un Conjunto Ordenado de Elementos (celdas vacías inicialmente), que se estructuran a través de Filas y Columnas.

Todos los elementos de una tabla se identifican con el mismo nombre (el que se le haya dado al arreglo), y se le ubica dentro de él por medio de especificar su posición, indicando primero el número de Renglón donde se encuentra e inmediatamente el número de Columna. Recuerde que se trata de un arreglo 'bidimensional' por lo que habrá que especificar las dos dimensiones por medio de las Coordenadas de Renglón y Columna, en este orden.

De igual forma como sucede con las Listas, inicialmente el arreglo estará vacío, de tal manera que para almacenar datos dentro del arreglo habrá que accesarlo iniciando desde la celda ubicada en el ángulo superior izquierdo del arreglo, con avances de izquierda a derecha y de arriba hacia abajo; al menos que deseara por alguna razón en particular, tener un acceso en forma directa a determinadas celdas del arreglo, lo que nos obligaría a tener el cuidado de especificar correctamente la(s) posición(es) de la(s) celda(s) a las que se desea tener acceso.

La forma de Declarar o Definir una Matriz, es muy similar a la del Vector, con la diferencia de que hay que especificar su segunda dimensión, no olvidando que primero se especifica el número de renglones y posteriormente el de columnas. De igual forma se debe recordar que las coordenadas de los elementos son *relativas*, por ejemplo:

```
...,
main()
{
    float A[1][2];
...,
```

A[0][0]	A[0][1]	A[0][2]
A[1][0]	A[1][1]	A[1][2]

La anterior codificación indica que estamos declarando una matriz con un dimensionamiento de 2 renglones por 3 columnas (recuerde que en **C**, las posiciones dentro de un arreglo se dan en forma *relativa*, partiendo de la *posición 'cero'*), que contendría números de punto flotante.

En forma similar se podrían definir arreglos cuyos elementos o celdas tuvieran como contenido solo números enteros (**int**) o bien solo caracteres (**char**) especificándolo de esta forma al definir el formato del arreglo; no son válidos los arreglos con formatos híbridos.

Se pueden definir Matrices Rectangulares o Cuadradas. Se dice que una matriz es cuadrada cuando tiene igual número de Renglones que de Columnas; y en función de esto, aparece el término de **'Orden de una matriz'**, que indica precisamente, el número de Renglones y Columnas que tiene la Matriz.

Ahora bien, para introducir datos al arreglo procedemos en forma similar a la realizada en el apartado anterior: asignando valores como constantes numéricas (en este caso), o bien, introduciendo valores constantes o variables a través de la función **scanf()**:

```
...,
void main()
{   int A[1][2] = {   {1,2,3},
                      {4,5,6},
                  };
    ...,
```

o bien:

```
...,
void main()
{
int A[1] [2];
...,
A[0] [0] = 1;
A[0] [1] = 2;
A[0] [2] = 3;
A[1] [0] = 4;
A[1] [1] = 5;
A[1] [2] = 6;
    ...,
```

PROCESOS CON MATRICES

Los procesos que se pueden realizar con matrices son muy variados: Operaciones Aritméticas, Operaciones Algebraicas, Operaciones Lógicas, con aplicaciones en Métodos Numéricos, para la solución de Sistemas de Ecuaciones Lineales y Diferenciales.

En cualquier caso lo importante es *cómo accesar los elementos de la Matriz*, lo cual ya lo mencionamos, que traducido a instrucciones del Lenguaje se **representaría por un Ciclo Anidado**, controlado por dos índices: *El Ciclo más externo, controlará el avance de Renglones; el Interno, controlará el avance de Columnas*. El índice del Ciclo Externo variará más lentamente: por un ciclo completo del Interno, el Externo, solo dará una vuelta, en otras palabras: ubicados en el primer renglón, se irá recorriendo una a una todas las casillas (columnas o celdas) hasta llegar a la última, lo que indicará el fin del 'ciclo interno' (que controla el avance de columnas) lo que provocará avanzar al siguiente renglón (se recicla el ciclo externo) e inicializar el ciclo interno.

La rutina de proceso de un **Ciclo Anidado** que se requeriría para accesar uno a uno los elementos de la última matriz mencionada, es:

```
...
for (r=0; r<m; r++)
{    for (c=0; c<n; c++)
     { < instrucciones para almacenar o leer datos (printf y scanf, vg.),
         ejecutar el proceso requerido o Imprimir (desplegar) datos o
         resultados >
     }
}
```

Observe que el *Ciclo Externo* está controlado por el Índice **'r'** (de renglón), que varía de **'0'** hasta **'m'** (número máximo de renglones de la matriz) y, el *Interno*, está controlado por el índice **'c'** (de columna), que varía de **'0'** hasta **'n'** (número máximo de columnas de la matriz).

No está por demás comentar que un arreglo bidimensional puede estructurarse con cualquier número de Renglones y Columnas: dos renglones y tres columnas, tres renglones y tres columnas, quince renglones y diez columnas, etc.

OPERACIONES ARITMÉTICAS.

Las operaciones aritméticas que se pueden realizar con matrices son las básicas conocidas: Suma, Resta, División y Multiplicación, teniendo ésta última un proceso muy particular: mientras las operaciones con las primeras tienen una relación directa (para realizar las operaciones), de los elementos de sus celdas por sus posiciones, la Multiplicación tiene un proceso muy particular como lo veremos en los desarrollos que mostraremos más adelante.

El algoritmo general para la Suma, Resta y División es:

$$c[i][j] = a[i][j] <operador> b[i][j]$$

por ejemplo:

$$
\begin{array}{cc}
A & \\
\begin{bmatrix} 1 & 2 \\ 3 & 4 \end{bmatrix} & +
\end{array}
\begin{array}{cc}
B & \\
\begin{bmatrix} 2 & 4 \\ 6 & 8 \end{bmatrix} & =
\end{array}
\begin{array}{c}
C \\
\begin{bmatrix} 3 & 6 \\ 9 & 12 \end{bmatrix}
\end{array}
$$

C[0][0] = A[0][0] + B[0][0]
C[0][1] = A[0][1] + B[0][1]
C[1][0] = A[1][0] + B[1][0]
C[1][1] = A[1][1] + B[1][1]

$$
\begin{array}{cc}
A & \\
\begin{bmatrix} 1 & 2 \\ 3 & 4 \end{bmatrix} & -
\end{array}
\begin{array}{cc}
B & \\
\begin{bmatrix} 2 & 4 \\ 6 & 8 \end{bmatrix} & =
\end{array}
\begin{array}{c}
C \\
\begin{bmatrix} -1 & -2 \\ -3 & -4 \end{bmatrix}
\end{array}
$$

C[0][0] = A[0][0] - B[0][0]
C[0][1] = A[0][1] - B[0][1]
C[1][0] = A[1][0] - B[1][0]
C[1][1] = A[1][1] - B[1][1]

la estructura de programación a utilizar para expresar estas operaciones es:

```
.....,
for(i=0;i<m;i++)
{  for(j=0;j<n;j++)
    {   C[i][j] = A[i][j] + B[i][j];}
}
```

Pero el algoritmo para la Multiplicación es:

$$c[i][j] = \Sigma(c[i][j] + a[i][k] * b[k][j])$$

ejemplo:

$$\begin{array}{ccc} A & B & C \end{array}$$

$$\begin{bmatrix} 1 & 2 \\ 3 & 4 \end{bmatrix} * \begin{bmatrix} 2 & 4 \\ 6 & 8 \end{bmatrix} = \begin{bmatrix} (1{*}2)+(2{*}6) & (1{*}4)+(2{*}8) \\ (3{*}2)+(4{*}6) & (3{*}4)+(4{*}8) \end{bmatrix}$$

C[0][0] = A[0][0] * B[0][0] + A[0][1] * B[1][0]
C[0][1] = A[0][0] * B[0][1] + A[0][1] * B[1][1]
C[1][0] = A[1][0] + B[0][0] + A[1][1] * B[1][0]
C[1][1] = A[1][0] + B[0][1] + A[1][1] * B[1][1]

El Producto de Matrices se puede realizar tanto para Matrices Cuadradas como para Rectangulares; lo importante a denotar en éste último caso, es que para que sea factible el producto, debe cumplirse que el Número de **Columnas** de la **Primer Matriz**, debe ser **Igual** al Número de **Renglones** de la **Segunda Matriz´**, quedando el Orden de la Matriz resultante, igual al número de renglones de la Primer Matriz por el Número de Columnas de la Segunda Matriz (una matriz cuadrada). Por otro lado, el Producto de Matrices, no es Conmutativa.

Por ejemplo: si tenemos una matriz 'A' con un Orden de 3 x 4 (tres Renglones por cuatro columnas) y una matriz 'B' con un orden de 4x3, (4 renglones por tres columnas), el producto sí es factible (4 por 4) y la Matriz Resultante tendrá un orden de 3x3.

En general, si tenemos una Matriz A[m][p] y otra B[q][n], su producto 'AB' será la Matriz C[m][n] (si 'p' $\equiv$ 'q' -está definido-), cuya componente '[i] [j]' es la que se obtiene multiplicando la Fila i- ésima 'Ai' de 'A' por la Columna j-ésima 'Bj' de 'B' :

$$a_{11} a_{12} \dots a_{1J} \dots a_{1p}$$
$$a_{21} a_{22} \dots a_{2J} \dots a_{2p}$$
$$\dots,$$
$$\boxed{a_{i1} a_{i2} \dots a_{iJ} \dots a_{ip}}$$
$$\dots,$$
$$a_{m1} a_{m2} \dots a_{mJ} \dots a_{mp}$$

$$X$$

$$b_{11} b_{12} \dots \boxed{b_{1J}} \dots b_{1n}$$
$$b_{21} b_{22} \dots \boxed{b_{2J}} \dots b_{2n}$$
$$\boxed{\dots}$$
$$b_{i1} b_{i2} \dots \boxed{b_{iJ}} \dots b_{in}$$
$$\boxed{\dots}$$
$$b_{q1} b_{q2} \dots \boxed{b_{qJ}} \dots b_{qn}$$

$$=$$

$$c_{11} \quad \dots \quad c_{1n}$$
$$\boxed{C(i\,j)}$$
$$c_{m1} \quad \dots \quad c_{mn}$$

donde:

$$c_{iJ} = a_{i1}b_{1J} + a_{i2}b_{2J} + \dots + a_{iJ}b_{iJ} + \dots + a_{ip}b_{qJ} = \sum_{k=1}^{p} a_{ik}b_{kJ}$$

La rutina de programación que ejecuta el producto de matrices es:

```
for(i=0;i<m;i++)
    {for(k=0;k<m;++k)
        {for(j=0;<n;j++)

        C[i][j] = C[i][j] + A[i][k] + B[k][j];
        }
    }
.....,
```

La clave para entender el producto de matrices es que el elemento resultante se obtiene sumando los productos parciales obtenidos al multiplicar todos los elementos de un determinado renglón de la primera matriz por sus correspondientes elementos **Traspuestos** de la segunda matriz.

El código del Programa del proceso de la Multiplicación de Matrices, es el siguiente:

```
/* PROGRAMA:   MULTIPLICACIÓN DE MATRICES
ESSCRIPCION:   Programa que Calcula el Producto de Matrices.
AUTOR:         M. SOLARES.
FECHA:         20/XI/93 */
# include <stdio.h>
# include <conio.h>
# include <windows.h>
main(void)
{ int a[11][11]={ {0,0,0},
                  {0,0,0},
                  {0,0,0} },
    b[11][11]= {  {0,0,0},
                  {0,0,0},
                  {0,0,0} },
    c[11][11],i,j,k,m,n,p,q;
    textbackground(3);
    textcolor(14);

/*  Solicita el orden de la matriz */

denuevo:
 clrscr();
 gotoxy(15,9);
 printf("Dame el orden de la matriz 'A' (m y p): ");
 scanf("%d,%d",&m,&p);
 if ((m < 1 || m > 11) || (p <1 || p >11))
 {gotoxy(25,15);
 printf("El orden de la matriz, debe ser entre 1 y 11 ");
 Sleep(2500);
 goto denuevo;}

/*  Carga los valores de la matriz 'A' */
 for (i=0;i<m;++i)
    for (j=0;j<p;++j)
```

```
    { gotoxy(15,10+j);
      printf("Dame el elemento a[%d,%d]: ",i,j);
      scanf("%d",&a[i][j]);}

/*   Imprime los datos en forma matricial */
   gotoxy(15,16);
   printf("Los valores de la Matriz 'A' son: ");
   gotoxy(15,18);
   for (i=0;i<m;++i)
   { for(j=0;j<p;++j) printf("%5d ",a[i][j]);
     gotoxy(15,19+i);
   }
   Sleep(3500);

denuevo2:
   clrscr();
   gotoxy(15,9);
   printf("Dame el orden de la matriz 'B'(q y n): ");
   scanf("%d,%d",&q,&n);
   if ((n < 1 || n > 11)||(q<1 || q>11))
   { gotoxy(25,15);
     printf("El orden de la matriz, debe ser entre 1 y 11");
     Sleep(2500);
     goto denuevo2;}

/* Prueba la factibilidad de la multiplicación */

   if(p != q)
   { gotoxy(15,15);
     printf("\a\aNo es factible la multiplicacion");
     gotoxy(15,16);
     printf("El número de Columnas de la primer matriz,");
     gotoxy(15,17);
     printf("debe ser igual al numero de renglones de la segunda matriz");
     Sleep(3500);
     goto denuevo2;
   }
/*   Carga los valores de la matriz 'B'  */

   for(i=0;i<q;++i)
     for(j=0;j<n;++j)
     { gotoxy(15,10+j);
       printf("\t Dame el elemento b[%d,%d]: ",i,j);
         scanf("%d",&b[i][j]);}
```

```
/*   Imprime los datos en forma matricial */
gotoxy(15,16);
printf("Los valores de la Matriz 'B' son: ");
gotoxy(15,18);
for(i=0;i<q;++i)
{ for(j=0;j<n;++j)
      printf("%5d ",b[i][j]);
gotoxy(15,19+i);
}
Sleep(2000);

/* Inicializa el Arreglo Resultante */

for (i=0;i<m;++i)
  for (j=0;j<n;++j)
    c[i][j] = 0;

/* Algoritmo de la multiplicaci¢n */

for(i=0;i<m;++i)
{ for(k=0;k<p;++k)
  { for(j=0;j<n;++j)
  { c[i][j] = c[i][j] + a[i][k] * b[k][j];
    }
  }
}
/* imprime la matriz resultante 'C' */
Sleep(2000);


clrscr();
gotoxy(15,9);
printf("Los valores de la Matriz Resultante 'C' son: ");
gotoxy(15,10);
for(i=0;i<m;++i)
{ for(j=0;j<n;++j)
      printf("%5d ",c[i][j]);
  gotoxy(15,11+i);
            }
getch();
}
```

Al ejecutar el programa nos pedirá que introduzcamos el **orden** de la primera matriz, la '**A**', esto es, que especifiquemos de cuántos renglones y de cuántas columnas es la matriz. Estos datos son números naturales (1, 2, 3, ...), para este caso, son 2 renglones por 2 columnas.

A continuación el programa solicitará se introduzcan los valores de la matriz: a[0,0], a[0,1], a[1,0], a[1,1]. Introducidos los Datos, hice una pequeña rutina para que sean desplegados en forma matricial para comprobar que se hayan dado correctamente.

```
Dame el orden de la matriz 'A' (m y p): 2,2
Dame el elemento a[1,0]: 3
Dame el elemento a[1,1]: 4


Los valores de la Matriz 'A' son:

    1    2
    3    4
```

En forma similar se repite el proceso para introducir los datos a la matriz '**B**': se especifica el orden de la matriz (recordemos que necesariamente deben ser matrices cuadradas); se introducen los valores según corresponda y al introducir el último dato se desplegará nuevamente la matriz con los datos como quedaron almacenados. Se utilizó la función **Sleep**() para detener unos segundos los desplegados de las pantallas y poder revisar que los datos introducidos sean los correctos.

```
Dame el orden de la matriz 'B'(q y n): 2,2
Dame el elemento b[1,0]: 6
Dame el elemento b[1,1]: 8


Los valores de la Matriz 'B' son:

    2    4
    6    8
```

La pantalla anterior, finalmente, se reemplazará, en forma automática, por la pantalla de resultados, en la que veremos la matriz resultante con los valores calculados, de acuerdo a los datos proporcionados en las matrices fuentes:

```
        Los valores de la Matriz Resultante 'C' son:
            14      20
            30      44
```

Algunos Conceptos importantes sobre las Matrices son:

MATRIZ CUADRADA

Recordando lo ya comentado en algún apartado anterior, la Matrices Cuadradas, son aquellas que tienen el mismo número de Filas y de Columnas: "**A = (n x n)**":

Si **n** = 3 y 'A' es el nombre de la matriz, su representación se visualizará de la siguiente forma:

$$(A) = \begin{vmatrix} a_{0,0} & a_{0,1} & a_{0,2} \\ a_{1,0} & a_{1,1} & a_{1,2} \\ a_{2,0} & a_{2,1} & a_{2,2} \end{vmatrix}$$

Observe que los elementos ubicados sobre la Diagonal Principal tienen los mismos valores de Renglón y de Columna (coordenadas 'i', 'j'): $a0,0$, $a1,1$ y $a2,2$, lo cual es importante recordar para realizar algunos procesos que utilicen esta característica.

MATRIZ TRASPUESTA.

La Matriz Traspuesta es la que se obtiene de una determinada matriz intercambiando sus Filas por Columnas:

si "(A) = (m x n)",   entonces "(A)^t = (n x m)":

$$
\begin{matrix} & A & & & & A^{\,T} & \\ \begin{bmatrix} a_{0,0} & a_{0,1} & a_{0,2} \\ a_{1,0} & a_{1,1} & a_{1,2} \\ a_{2,0} & a_{2,1} & a_{2,2} \end{bmatrix} & = & \begin{bmatrix} a_{0,0} & a_{1,0} & a_{2,0} \\ a_{0,1} & a_{1,1} & a_{2,1} \\ a_{0,2} & a_{1,2} & a_{2,2} \end{bmatrix} \end{matrix}
$$

Para generar una Matriz Traspuesta, no es requerido que las Matrices sean Cuadradas, aplica para cualquier tipo de matrices.

Algunas propiedades de las Matrices Traspuestas son:

- (At)t=A: Si **trasponemos una matriz transpuesta**, el resultado será la matriz de origen.
- (A + B)t = At + Bt : la **traspuesta de la suma de matrices** es igual a la suma de la matriz traspuesta de cada una de las matrices.
- (AB)t = BtAt: la **traspuesta del producto de dos matrices** es igual al producto de la matriz traspuesta de cada una de las matrices fuentes.
- (eA)t = eAt: si **un número escalar multiplica a una matriz**, no importa el orden en el que se calcule la matriz traspuesta, puesto que se obtendrá el mismo resultado.

MATRIZ DIAGONAL.

Es una **Matriz Cuadrada cuyos** elementos que **nó estén en la Diagonal Principal** (los elementos que tienen el mismo número en ambos índices), son todos 'Ceros'.

Matemáticamente, la definición de **Matriz Diagonal**: Una matriz cuadrada A $\in$ M_n(F) se denomina

Diagonal si todas sus entradas fuera de la diagonal principal son iguales a cero:

$$\forall_{i,j} \in \{1,...,n\} \ (i \neq j) \Rightarrow (A_{i,j} = 0)$$

De tal forma que para saber si un elemento se encuentra ubicado sobre la Diagonal Principal de una Matriz (al investigar por medio de alguna instrucción de un Programa), **los valores de los índices de las coordenadas deben ser iguales (i = j).**

En particular, aquella matriz Diagonal que tiene solamente 'unos', se denomina **Matriz Unitaria o Matriz Identidad**, denotada por 'I_n' ó '**I**'.

Esta Matriz '**I**' equivale al Escalar '**1**', de donde: para toda n-matriz cuadrada "A":

AI = IA = A, vg:

$$I_3 = \begin{matrix} 1 & 0 & 0 \\ 0 & 1 & 0 \\ 0 & 0 & 1 \end{matrix} \qquad 3I_3 = \begin{matrix} 3 & 0 & 0 \\ 0 & 3 & 0 \\ 0 & 0 & 3 \end{matrix}$$

MATRIZ TRIANGULAR SUPERIOR E INFERIOR

La **Matriz Triangular Superior** es aquella Matriz Cuadrada cuyos **elementos que están por debajo de la Diagonal Principal, son todos 'Cero'.**

Matemáticamente, la definición de **Matriz Triangular Superior**: Una matriz cuadrada **A** $\in$ **M$_n$(F)** se denomina **Triangular Superior, si todas sus entradas abajo de la diagonal principal son iguales a cero**:

$$\forall_i, j \in \{1,...,n\} \; (i > j) \Rightarrow (A_{i,j} = 0)$$

$$A = \begin{pmatrix} a_{11} & a_{12} & a_{13} & a_{14} & \cdots & a_{1n} \\ 0 & a_{22} & a_{23} & a_{24} & \cdots & a_{2n} \\ 0 & 0 & a_{33} & a_{34} & \cdots & a_{3n} \\ 0 & 0 & 0 & a_{44} & \cdots & a_{4n} \\ \cdots & \cdots & \cdots & \cdots & \cdots & \cdots \\ 0 & 0 & 0 & 0 & \cdots & a_{nn} \end{pmatrix}$$

Una **Matriz Triangular Inferior**, es una Matriz Cuadrada cuyos **elementos que están por encima de la Diagonal Principal, son todos 'Cero'**.

Matemáticamente, la definición de **Matriz Triangular Inferior**: Una matriz cuadrada **A** $\in$ **M$_n$(F)** se denomina **Triangular Inferior, si todas sus entradas por encima de la diagonal principal son iguales a cero**:

$$\forall i, j \in \{1,...,n\} \; (i < j) \Rightarrow (A_{i,j} = 0)$$

$$
A = \begin{pmatrix}
a_{11} & 0 & 0 & 0 & \cdots & 0 \\
a_{21} & a_{22} & 0 & 0 & \cdots & 0 \\
a_{31} & a_{32} & a_{33} & 0 & \cdots & 0 \\
a_{41} & a_{42} & a_{43} & a_{44} & \cdots & 0 \\
\cdots & \cdots & \cdots & \cdots & \cdots & \cdots \\
a_{n1} & a_{n2} & a_{n3} & a_{n4} & \cdots & a_{nn}
\end{pmatrix}
$$

UTILIDAD DE LAS MATRICES TRIANGULARES:

Las **Matrices Triangulares** son empleadas para **Resolver Sistemas de Ecuaciones Lineales** por su facilidad en la resolución; aplicaciones que se verán **en la Asignatura de Métodos Numéricos**, con los Métodos de **Gauss, Gauss-Jordan y Gauss-Seidel**.

También se emplean para el **cálculo de inversas y determinantes de matrices**, así como para diferentes **métodos de descomposición de matrices**.

MATRIZ INVERSA

Para toda Matriz Cuadrada **[A]**, existe otra **[A]⁻¹** llamada Inversa tal que **[A][A]⁻¹ = [A]⁻¹[A] = [I]**, propiedad que puede ser utilizada para resolver un Sistema de Ecuaciones Simultaneas de la forma: **[x] = [A]⁻¹[C]**.

En general, la Aplicación de la Matriz Inversa se usará cuando se tenga un Sistema a Resolver de la forma: **[A][X] = [C]**

APUNTADORES

El tema de los Apuntadores es muy interesante pero un tanto ríspido para los programadores que se inician, principalmente por el hecho de que, si estamos aprendiendo a programar, se nos dificulta el entender cómo es posible que podamos accesar datos almacenados en algunas variables desde otras variables si se supone que los contenidos de ellas podemos modificarlos, pero directamente sobre la variable que se declaró y que se utiliza para un cálculo en particular. De tal forma que, en este apartado, daremos solamente una breve introducción al concepto de lo que son los Apuntadores y su utilización, sin profundizar en los subtemas como Apuntadores y Arreglos de Cadenas de Caracteres, Apuntadores y

Estructuras, Apuntadores y Arreglos Multidimensionales, o bien, un gran tema que es Apuntadores y Gestión Dinámica de Memoria.

Nos concretaremos básicamente en dar una breve introducción al tema, apoyada con algunos programas ilustrativos, los cuales al analizar su código y visualizar los resultados que genera, nos pueda dar una mejor concepción de estos importantísimos elementos.

Los Apuntadores son **Variables** que **contienen** una **Dirección de Memoria**, generalmente se les simplifica diciendo que son direcciones de memoria. Normalmente, la dirección que contiene un **Apuntador** es la ubicación de otra variable en la memoria pero, podría ser la dirección de un **Puerto** o un **Arreglo** de la RAM. Si una variable contiene la dirección de otra, se dice que la primera *apunta* a la segunda.

DECLARACIÓN DE APUNTADORES

La Declaración de un Apuntador se realiza en forma similar a la declaración de cualquier otra variable: se especifica el Tipo de Dato que contendrá (char, int, float) y el Nombre seleccionado para ella, precedido de un *asterisco*, ejemplo: **char** *Ap1, **int** *Ap2, **float** *Ap3.

Los **Operadores** de los Apuntadores son el '*' y el '**&**'. El **Ampersand** '**&**' *devuelve la **dirección** de memoria de su operando*; el **Asterisco**, *hace referencia al **valor** contenido en la dirección asignada por el compilador (técnicamente, asignado por el **loader del S.O.**).*

Al declarar un Apuntador, los compiladores ANSI lo inicializan automáticamente a cero, es definido como un Apuntador 'null'. Para hacer el código fuente compatible entre distintos compiladores en varios sistemas, se usa una **macro** para representar un apuntador nulo, la cual se denomina **NULL**. Utilizando esta macro en una asignación como: **Apt = NULL**, aseguramos que el apuntador sea un apuntador nulo y podríamos comprobar que un apuntador sea nulo con la instrucción: **if (ptr == NULL)**.

El buen uso de apuntadores es importante para la elaboración de buenos Programas, tres razones para ello:

1. Proporcionan los medios a través de los cuales las Funciones pueden modificar sus argumentos en una llamada.

2. Se pueden utilizar para soportar rutinas de **Asignación Dinámica**, y

3. Se pueden sustituir por Arreglos en muchas situaciones para incrementar la eficiencia. Son una de las características más poderosas de **C** pero, al mismo tiempo, pueden ser peligrosas ya que cuando se utilizan sin inicializar o sin control, puede ocasionar caídas del sistema.

Al hacer la asignación: **Ap1=&x** siendo Ap1 un apuntador, se está *asignando la dirección de memoria* que el compilador le asignó (v.r.) a la variable '**x**' cuando fue declarada.

Se pueden utilizar los operadores de incremento o decremento con los Apuntadores, pero hay que tener presente que, dependiendo del tipo de dato que se haya declarado, serán los bytes que aumentara o decrementará en su valor, esto es, si hacemos la siguiente declaración: <u>int *Ap</u>; el cual apunta a un entero con valor de **2016** y, posteriormente, se escribe: **Ap++**, esto incrementará su valor a **2020** ya que el tipo de dato, 'int' usa <u>4 bytes</u> (en procesadores de 32 y 64 Bits) para su representación. En forma similar, si declaramos **float *Ap**; y ejecutamos **Ap++**, el resultado sería también **2020**; para apuntadores del tipo *double*, al hacer el incremento, el valor sería 2024. Finalmente, si se aplica el operador incremento a un Apuntador tipo **carácter**, su valor se incrementará en 1. También es permitida la suma de un Apuntador y una constante numérica entera: v.g.: **Ap = Ap + 5;**.

Se pueden comparar Apuntadores en expresiones o comparaciones relacionales, como ejemplo; suponiendo tener declarados 2 Apuntadores, se pueden comparar entre sí de la siguiente forma:

```
if(Ap1 > Ap2)
     printf("Ap1 apunta a una localidad de memoria más alta que Ap2");
```

Hay una estrecha relación entre Apuntadores y Arreglos: Supongamos el siguiente código:

```
Char str[80], *Ap;
Ap = str;
```

La asignación dejaría en **Ap** la dirección del 1er. elemento del arreglo; En **C**, un nombre de Arreglo sin un índice es la Dirección de inicio del Arreglo.

El mismo resultado se obtiene con la siguiente expresión: **Ap = &str[0];**. Podemos accesar en forma directa cualquier elemento del arreglo, por ejemplo, si quisiéramos accesar el 10° elemento del arreglo, tenemos 2 formas para hacerlo: **str[9]** o utilizando el apuntador: ***(Ap+9)** ya que al estar inicialmente señalando al 1er. elemento (posición 0), al sumarle 9, señalará al 10° elemento.

ASIGNACIÓN

Los Apuntadores se asignan igual que el resto de las variables. El programa ejemplo mostrará las direcciones contenidas en **Ap1** y **Ap2**, que será la misma en ambos apuntadores, analicemos el siguiente código:

```
/* Asignaciones de Apuntadores. */
#include <stdio.h>
#include "conio.h"
int main()
{   int a,*Ap1,*Ap2;
    textbackground(BLUE);
    textcolor(YELLOW);
    clrscr();
    Ap1=&a;
    gotoxy(25,10);
    printf("%x, %p",Ap1,Ap2);
    Ap2=Ap1;
    gotoxy(25,12);
    printf("%x, %p",Ap1,Ap2);
    getch();}
```

El resultado que se obtendría se muestra a continuación; recordemos nuevamente que, los valores hexadecimales de las direcciones de las localidades de memoria, podrían ser distintas en sus propios equipos, en función de sus características y configuraciones.

```
61ff04, 00000008

61ff04, 0061FF04
```

Otro programa similar se muestra a continuación. Se declaran 2 variables numéricas enteras y un Apuntador del mismo tipo. Se asignan los valores 1 y 2 a las variables y al Apuntador se le asigna la dirección de la segunda variable, hecho esto, se despliegan los valores de las variables y sus respectivas direcciones de memoria que el compilador les asignó. El Apuntador tendrá la *dirección* de la variable que se asignó (Apt = &j;), misma que se despliega junto con la del mismo apuntador. Finalmente, se despliega el mismo Valor o contenido que contiene la variable asignada.

```
#include <stdio.h>
#include <conio.h>
 int i, j; int *Apt;
int main()
{ i = 1; j = 2;
Apt = &j;
textbackground(1);
textcolor(14);
clrscr();
gotoxy(15,8);
printf("i tiene el valor: %d y esta alojado en: %p\n", i,&i);
gotoxy(15,10);
printf("j tiene el valor: %d y esta alojado en: %p\n", j,&j);
gotoxy(15,12);
printf("Apt tiene el valor: %p y esta alojado en: %p\n", Apt,&Apt);
gotoxy(15,14);
printf("El valor del entero al que apunta Apt es: %d\n", *Apt);
getch();}
```

```
i tiene el valor: 1 y esta alojado en: 00405064

j tiene el valor: 2 y esta alojado en: 00405060

Apt tiene el valor: 00405060 y esta alojado en: 00405068

El valor del entero al que apunta Apt es: 2
```

Los valores de las *Direcciones* podrían variar, obviamente, dependiendo de los procesadores utilizados y sus características.

Otros programas que muestran el manejo y resultados generados por el uso de los Apuntadores de diferentes tipos, los mostraremos a continuación. Analícenlos con detenimiento (haciendo el seguimiento del código con los resultados que se dan a continuación de ese código), para su correcto entendimiento.

APUNTADORES TIPO CARACTER

Con el siguiente programa se declaran datos y apuntadores tipo carácter, haciendo una transferencia de valores vía los direccionamientos que se almacenan en las variables apuntadores.

```c
// Manejo de Apuntadores CHAR
#include "stdio.h"
#include "conio.h"
#define apuntador(x) printf("Direc.: &Ap=%u, Valor del Apuntador=%u, \
Contenido Ap=%c\n",&x,x,*x);
int main()
{ char a, b, *p1, *p2;
textbackground(1);
textcolor(14);
clrscr();
a='A', b='Z';
p1=&a, p2=&b;
```

```c
gotoxy(10,10);
printf("Resultados del acceso a datos de la memoria: ");
gotoxy(10,12);
apuntador(p1);          // Para hallar los datos
gotoxy(10,13);
apuntador(p2);              // Para Direcciones y Contenidos de los Apuntadores
p2=p1;
gotoxy(10,15);
printf("Resultados despues del intercambio de Apuntadores: ");
gotoxy(10,17);
apuntador(p1);
gotoxy(10,18);
apuntador(p2);
gotoxy(10,20);
printf("Finalmente, el contenido de p2=%c.", *p2);
getch();
}
```

Resultados del acceso a datos de la memoria:

```
Resultados del acceso a datos de la memoria:

Direc.: &Ap=6422280, Valor del Apuntador=6422287, Contenido Ap=A
Direc.: &Ap=6422276, Valor del Apuntador=6422286, Contenido Ap=Z

Resultados despues del intercambio de Apuntadores:

Direc.: &Ap=6422280, Valor del Apuntador=6422287, Contenido Ap=A
Direc.: &Ap=6422276, Valor del Apuntador=6422287, Contenido Ap=A

Finalmente, el contenido de p2=A.
```

Para el caso de los Apuntadores tipo Entero, el código es muy similar al anterior, veamos:

```
// Manejo de Apuntadores INT
// Manejo de Apuntadores INT
#include "stdio.h"
#include "conio.h"
int main()
{int a=7, b=3, *A;
textbackground(1);
textcolor(14);
clrscr();
gotoxy(15,10);
printf("DIRECCIONES Y CONTENIDOS DE LAS VARIABLES 'A' Y 'B': ");
```

```
gotoxy(15,12);
printf("&a=%u &b=%u a=%d b=%d ",&a,&b,a,b);
gotoxy(15,15);
printf("ASIGNACIàN DE APUNTADORES: A=&a y b=*A");
A=&a, b=*A;
gotoxy(15,17);
printf("&A=%u A=%u &a=%u &b=%u a=%d b=%d", &A,A,&a,&b,a,b);
getch();
}
```

El resultado, en consecuencia, sería (recordar que los valores correspondientes a las direcciones asignadas por el compilador, van a ser diferentes, como ya lo hemos estado mencionando):

```
DIRECCIONES Y CONTENIDOS DE LAS VARIABLES 'A' Y 'B':

&a=6422284 &b=6422280 a=7 b=3


ASIGNACIÓN DE APUNTADORES: A=&a y b=*A

&A=6422276 A=6422284 &a=6422284 &b=6422280 a=7 b=7
```

Para el caso de los Apuntadores tipo FLOAT, resultará algo muy similar:

```c
// Manejo de Apuntadores FLOAT
#include "stdio.h"
#include "conio.h"
int main()
{   float a=7.33, b=3.1, *A;
    textbackground(1);
    textcolor(14);
    clrscr();
    gotoxy(10,10);
    printf("DIRECCIONES Y CONTENIDOS DE LAS VARIABLES 'A' Y 'B':\n\n");
    gotoxy(10,12);
    printf("&a=%u &b=%u a=%f b=%f\n\n\n",&a,&b,a,b);
    gotoxy(10,15);
    printf("ASIGNACIàN DE APUNTADORES: A=&a y b=*A\n\n");
```

```c
    A=&a;
    b=*A; gotoxy(10,16);
    printf("&A=%u A=%u &a=%u &b=%u a=%f b=%f", &A,A,&a,&b,a,b);
    getch();
}
```

Y, efectivamente, los resultados son los esperados de acuerdo con la idea inicial aplicada al programa de los Apuntadores tipo Carácter, hela aquí.

```
DIRECCIONES Y CONTENIDOS DE LAS VARIABLES 'A' Y 'B':

&a=6422284 &b=6422280 a=7.330000 b=3.100000


ASIGNACIÓN DE APUNTADORES: A=&a y b=*A
&A=6422276 A=6422284 &a=6422284 &b=6422280 a=7.330000 b=7.330000
```

RELACIONES ENTRE LOS ARREGLOS Y LOS APUNTADORES

Como ya hemos comentado, las relaciones directas que hay entre los Arreglos y los Apuntadores estriban en el hecho de que mientras que un **Arreglo** se considera como una *Constante*, un **Apuntador** es una Variable, que contiene la *dirección* en la que el primer elemento de un arreglo será almacenado; este arreglo no puede ser cambiado de posición una vez que ha sido declarado.

Cuando tenemos que realizar un proceso que accese los elementos de un arreglo, generalmente lo hacemos referenciando el primer elemento del arreglo (primera ubicación a la izquierda, arriba –en el caso de los vectores- o del que está ubicado en la parte superior izquierda en el caso de una matriz), posición que se identifica como la posición relativa identificada con la posición cero o inicial del mismo. Ubicado en este elemento (en esa posición o localidad de la memoria), se referenciarán los siguientes valores contenidos en las celdas subsiguientes o contiguas del arreglo. Parte de un código que nos muestra eso se verá a continuación.

Supongamos que declaramos el siguiente arreglo:

int arreglo[ ] = {1,2,3,4,5,6,7,8,9};

Esta declaración almacena los 9 enteros mostrados en posiciones consecutivas identificadas con el nombre de 'arreglo'; podemos accesar cada valor especificando las posiciones relativas en las que se almacenaron en la dirección asignada por el compilador desde arreglo[0], hasta arreglo[8]. Sin embargo podemos acceder a ellos de un modo alternativo usando un Apuntador de la siguiente forma:

int *Apt;
Apt = &arreglo[0]; //apuntamos nuestro apuntador al primer valor del arreglo declarado

En **C**, el estándar establece que donde usemos **&nombre_del_arreglo[0]** podemos reemplazarlo solamente con **nombre_del_arreglo**, de tal forma que, en el ejemplo anterior, la segunda instrucción se puede modificar con:

Apt = arreglo;

y obtendremos el mismo resultado.

APUNTADORES Y CADENA DE CARACTERES

Las **Cadenas de Caracteres** en **C**, son considerados como **Arreglos de Caracteres**. En los demás Lenguajes de Programación, las cadenas tienen bien definido su tipo de datos. El Arreglo de Caracteres termina con un carácter *nulo* (binario cero, escrito como \0).

El autor Ted Jensen[2] comenta que no hay que confundir el carácter nulo (**nul**) con **NULL**, ya que "**nul**" es un cero binario definido por la secuencia de escape '\0', lo que ocupa un byte de memoria; mientras que "**NULL**" es el nombre de la **macro** usada para inicializar apuntadores nulos. NULL está definido en un archivo cabecera del compilador de C, el **nul**, nó.

Si quisiéramos generar una cadena de caracteres para introducir el nombre de una persona, **C** permite varias alternativas para hacerlo (recuerde lo visto en el apartado del uso de los arreglos): las primeras son la forma larga y la última es la recomendable, veamos.

| A | L | I | A | \0 | ..., |

char nombre[30]; nombre[0] = 'A';
nombre[1] = 'L';
nombre[2] = 'I';
nombre[3] = 'A';
nombre[4] = '\0';

char nombre[30] = {'A', 'L', 'I', 'A', '\0',};

2   Ted Jensen, Ingeniero en Electrónica, diseñador de hardware o gerente de diseñadores de hardware en el campo de almacenamiento magnético.

las cuales son las formas no recomendables para ser codificadas, en su lugar la forma correcta sería:

char nombre[30] = "ALIA";

Cuando se utilizan las **comillas dobles**, en lugar de las *simples* usadas en los ejemplos anteriores, <u>el **carácter nul** ('\0') se añade automáticamente</u> al final de la cadena.

En cualquiera de los casos anteriores se obtiene el mismo resultado.

Se tiene que subrayar que los Apuntadores y los Arreglos no son lo mismo, solo se indica que para identificar un elemento dado de un arreglo, hay 2 opciones una, **utilizando subíndices** para accesar los arreglos y la otra utilizando la **Aritmética de Apuntadores**.

Otro de los temas de importancia en relación con los Apuntadores son lo que denominamos **Estructuras** de **Datos**, lo que en otros lenguajes de programación llamaríamos **Archivos de Datos** (como es el caso del *legendario* COBOL).

Las Estructuras de Datos en C se conforman con el diseño de un bloque de Tipos de Datos (con sus Nombres como identificadores y sus Tamaños), delimitados por los caracteres de las *'llaves'*, y anteponiéndoles la palabra reservada **STRUCT** –indicándole al compilador con ésta, que se está definiendo una Estructura de Datos- y a continuación el Nombre que se le está asignando a la Estructura.

Estas Estructuras son el equivalente a lo que llamamos en otros Lenguajes de Programación, **Archivos y sus Campos de Datos**, los cuales pueden ser del tipo Numéricos, Alfabéticos o Alfanuméricos (lo que en **C** les llamamos tipo Carácter), veamos las equivalencias:

<u>**Código en C:**</u>   <u>**Código en Cobol**</u>:

			FD ARCHIVO LABEL RECORD STANDARD		
struct Alumnos			01	Alumnos.	
{	int	Boleta;	02	Boleta	pic 9(10).
	char	Apel-Pat [15];	02	Apel-Pat	pic x(15).
	char	Apel-Mat[15];	02	Apel-Mat	pic x(15).
	char	Nomb[15];	02	Nomb	pic x(15).

int	Cal1:	02	Cal1	pic 9(2).
int	Cal2;	02	Cal2	pic 9(2).
int	Cal3;	02	Cal3	pic 9(2).

```
};
```

Claro que el código presentado en Cobol está muy simplificado debido a que este lenguaje requiere de otras líneas de especificaciones muy detalladas pero, se muestra como se da para fines simplemente comparativos en la especificación de Datos.

El procedimiento o proceso a seguir en la utilización de una Estructura de Datos debe incluir:

- Una **Función** que acepte como **parámetro** un **Apuntador a una estructura.**[3]
- En el cuerpo de la Función las **instrucciones para accesar a los datos** de la estructura.

Por ejemplo, si quisiéramos modificar la primera calificación de un alumno de la estructura de ejemplo, algunas instrucciones que se deben utilizar son, entre otras:

(*Apt).Cal1 = 7;

La anterior instrucción cambia el contenido

La siguiente instrucción declara un Apuntador que va a apuntar a una Estructura ya declarada usando struct Archivo.

struct Archivo *Apt;

Y **hacemos que apunte** a nuestra **estructura** de ejemplo con:

Apt = &Alumnos;

---

3   En el lenguaje C original no era posible pasar una estructura como parámetro a una función, sólo un apuntador que apuntara (v. r.) a una estructura. En el ANSI C, ahora es posible pasar una estructura completa.

Para accesar un dato de la estructura des referenciamos el puntero. Si se deseara modificar el dato Cal1 (de algún registro en particular) la instrucción para hacerlo sería:

del apuntador (*Apt) por aquello a lo que Apt está apuntando, lo cual es la estructura Alumnos, que es similar a **Alumnos.Cal1**.

Otra sintaxis alternativa que ofrece el **C ANSI** para el mismo proceso es:

Apt -> Cal1 = 7;

PROCEDIMIENTO PARA DESARROLLAR UN MENÚ DE PROCESOS

Finalmente, a continuación, muestro los pasos a seguir para desarrollar un Sistema que despliegue un Menú de Procesos estructurado a través de un **Menú Principal** y **3 submenús**, uno por cada una de las tres principales Estructuras de Programación vistas.

Primero se hace el diseño de la presentación de los Menús que integrarán al Sistema, de acuerdo a lo anteriormente mencionado.

Se determinarán los programas que serán ejecutados en cada uno de los submenús. Lo que corresponderá a cada una de las opciones de proceso: si se van a integrar 4 programas, las opciones a seleccionar dentro del Menú correspondiente serán precisamente las primeras 4, y una última adicional que corresponderá al retorno al menú que lo llamó a ejecución, o bien, al término del proceso.

Los programas que se integrarán a cada submenú, deberán modificarse en algunas instrucciones; la primera modificación deberá ser cambiar la función de inicio de programa (la función **main()**), dejando en su lugar el nombre del programa que será integrado, ejemplo si se va a incluir un programa que se grabó con el nombre de **momentos.c**, este nombre sustituirá al de main: **momentos()**. Para ciertos programas será conveniente, además, eliminar la función **getch()**, que utilizamos con el fin de mantener fija la pantalla de resultados y que espera pulsar la tecla de *enter* para cerrar esa ventana. Todos los programas que se incluirán en cada submenú deberán ser incluidos especificándolo con la cláusula include (#include), a continuación de las especificaciones de los archivos cabecera (vg. **#include <stdio.h>**) tal y como se mostrará en el código que se presentará a continuación de los presentes comentarios.

Es importante mencionar que una vez que se hicieron las modificaciones en los programas que serán integrados y que se hayan salvado nuevamente, ya no se deberán compilar puesto que no tienen la función main() al inicio del programa; en caso de hacerlo se recibirá un mensaje de error, solamente debe haber una sola función main() en todo sistema desarrollado.

A continuación, mostramos el código base para poder desarrollar un Sistema de Menús de Proceso, que mostrará la estructura de los menús, integrando, solamente como muestra, un solo programa en cada submenú. Se aclará que el Sistema funciona correctamente en cuanto al llamado de un submenú y la ejecución de cada una de las opciones de proceso que incluya, los resultados son correctos pero, hay que mejorar la presentación de los mismos, esto lo dejé así ya que es parte de la labor del educando que, si va a ser su proyecto final, deberá darle la mejor presentación posible a todos los detalles de su Sistema o Proyecto: sean centrar los resultados en la pantalla (que no aparezcan en las primeras líneas de esta), incluir especificaciones de en qué unidades se están mostrando los valores numéricos calculados, étc.; no tendría caso darles todo completamente terminado y que simplemente lo reprodujeran.

```c
/* PROGRAMA PRINCIPAL
AUTOR: M. SOLARES R.*/
#include "stdio.h"
#include "conio.h"
#include <windows.h>
#include "\fuentes\menu1.c"
#include "\fuentes\menu2.c"
#include "\fuentes\menu3.c"
int main()
{int op;
textbackground(3);
textcolor(14);
clrscr();
do {
    do {
        clrscr();
        gotoxy(25,7); printf("MENU PRINCIPAL");
        gotoxy(17,10), printf(" 1. SUBMENU DE PROGS LINEALES");
        gotoxy(17,12), printf(" 2. SUBMENU DE PROGS RAMIFICADOS")
        gotoxy(17,14), printf(" 3. SUBMENU DE PROGS REPETITIVOS");
        gotoxy(17,16), printf(" 4. FIN DE PROCESO");
        gotoxy(17,20), printf(" Cual es tu opcion?: ");
        scanf("%d",&op);
    } while (op < 1 || op > 4);
    switch (op)
    {case 1:
        clrscr();
        menu1();
        break;
    case 2:
        clrscr();
        menu2();
        break;
    case 3:
        clrscr();
        menu3();
        break;
    case 4:
        textcolor(LIGHTBLUE + 128);
        clrscr();
        gotoxy(25,12);
        cprintf("FIN DE PROCESO,...");
        break;
    }

    delay(3000);
} while (op != 4);
}
```

INCLUSIÓN DE LOS 3 PROGRAMAS QUE DESPLEGARÁN LOS SUBMENÚS SON SUS UBICACIONES

ESTAS SON LAS OPCIONES DE PROCESO

SE DESPLIEGA EL TEXTO TITILANDO

EN ALGUNAS VERSIONES NO SE ACEPTA ESTA FUNCIÓN, CAMBIA POR Sleep()

```
/* SUBPROGRAMA 1
AUTOR: M. SOLARES R.*/
#include "stdio.h"
#include "conio.h"
#include "\fuentes\energia.c"
int menu1()
{int op, valor; textbackground(3); textcolor(14); clrscr();
do {
    do {
        clrscr();
        gotoxy(25,7); printf("MENU DE PROGRAMAS LINEALES");
        gotoxy(17,10), printf(" 1. ENERGIA CINETICA");
        gotoxy(17,12), printf(" 2. PROG2");
        gotoxy(17,14), printf(" 3. PROG3");
        gotoxy(17,16), printf(" 4. PROG4");
        gotoxy(17,18), printf(" 5. Terminar");
        gotoxy(17,20), printf(" Cual es tu opcion?: "); scanf("%d",&op);
        } while (op < 1 || op > 5);
            switch (op)
            {case 1:
                clrscr();
                energia();
            break;
                case 2:
            clrscr();
            Sleep(30);
            break;
                case 3:
            clrscr();
            Sleep(3);
            break;
                case 4:
            clrscr();
            Sleep(3);
            break;
                case 5:
            clrscr();

            textcolor(LIGHTBLUE + 128);
            gotoxy(25,12);
            cprintf("Regresando al Menu Principal,...");
            }
    delay(2000);
    textcolor(14);
    } while (op != 5);
}
```

ÚNICO PROGRAMA QUE SE INTEGRA COMO MUESTRA

SON SOLO INDICADORES DE LOS PROGRAMAS QUE DEBERÁN SER INCLUIDOS

SOLAMENTE SE DETIENE EL PROCESO POR SEGUNDOS

```
/* SUBPROGRAMA 2
AUTOR: M. SOLARES R.*/
#include "stdio.h"
#include "conio.h"
#include "\fuentes\momentos.c"
int menu2()
{int op, valor; textbackground(3); textcolor(14); clrscr();
do {
    do {
        clrscr();
        gotoxy(25,7); printf("MENU DE PROGRAMAS RAMIFICADOS");
        gotoxy(17,10), printf(" 1. MOMENTOS");
        gotoxy(17,12), printf(" 2. PROG2");
        gotoxy(17,14), printf(" 3. PROG3");
        gotoxy(17,16), printf(" 4. PROG4");
        gotoxy(17,18), printf(" 5. Terminar");
        gotoxy(17,20), printf(" Cuál es tu opción?: ");
        scanf("%d",&op);
    } while (op < 1 || op > 5);
    switch (op)
    {case 1:
      clrscr();
      momentos();
      break;
    case 2:
      clrscr();
      Sleep(3);
      break;
    case 3:
      clrscr();
      Sleep(3);
      break;
    case 4:
      clrscr();
      Sleep(3);
      break;
    case 5:
      clrscr();
      textcolor(LIGHTBLUE + 128);
      gotoxy(25,12);
      cprintf("Regresando al Menú Principal,...");
    }
    delay(2000);
    textcolor(14);
  } while (op != 5);
}
```

```
/* SUBPROGRAMA 3
AUTOR: M. SOLARES R.*/
#include "stdio.h"
#include "conio.h"
#include "dos.h"
#include "\fuentes\sumato.c"
int menu3()
{int op; textbackground(3); textcolor(14); clrscr();
do {
    do {
        clrscr();
        gotoxy(25,7); printf("MENU DE PROGRAMAS REPETITIVOS");
        gotoxy(17,10), printf(" 1. SUMATORIA CON FOR");
        gotoxy(17,12), printf(" 2. PROG2");
        gotoxy(17,14), printf(" 3. PROG3");
        gotoxy(17,16), printf(" 4. PROG4");
        gotoxy(17,18), printf(" 5. Terminar");
        gotoxy(17,20), printf(" Cuál es tu opción?: ");
        scanf("%d",&op);
        } while (op < 1 || op > 5);
        switch (op)
        {case 1:
          clrscr();
          sumato();
          break;
        case 2:
          clrscr();
          Sleep(3);
          break;
        case 3:
          clrscr();
          Sleep(3);
          break;
        case 4:
          clrscr();
          Sleep(3);
          break;
        case 5:
          clrscr();
          textcolor(LIGHTBLUE + 128);
          gotoxy(25,12);
          cprintf("Regresando al Menú Principal,...");
        }
        Sleep(3000);
        textcolor(14);
    } while (op != 5);
}
```

Al ejecutar el Programa Principal, la ventana que aparecerá es la siguiente:

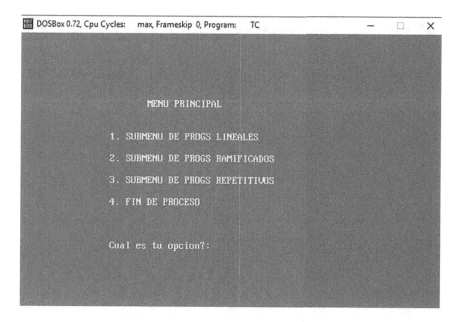

Al seleccionar la primera opción, la pantalla se reemplaza por la siguiente:

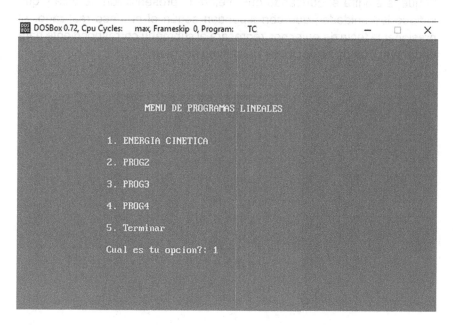

Al seleccionar la opción '**1**', se despliega:

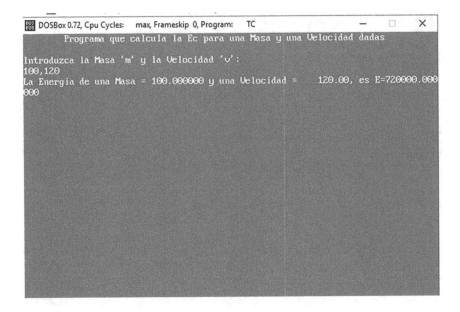

Como se aprecia esta presentación de resultados no está nada bien, lo que le exigirá al educando que mejore la presentación de esta y que indique las unidades que correspondan según el proceso realizado. Al presionar la tecla de *enter* nos regresará al submenú correspondiente para poder ejecutar otras opciones del mismo submenú.

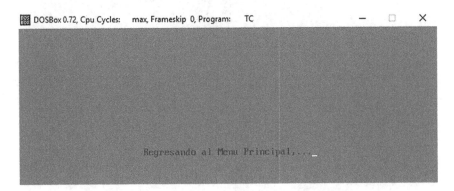

Al seleccionar, en este ejemplo, la opción de proceso '5', nos regresará al Menú Principal, para poder ejecutar la siguiente opción de este, desplegándose la ventana correspondiente al segundo submenú:

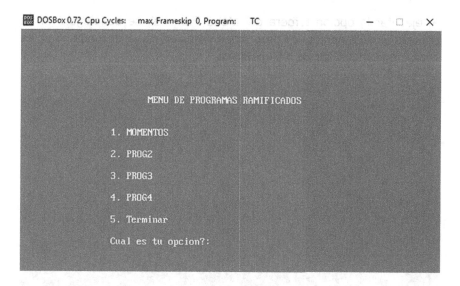

Operando en forma similar a lo realizado en el submenú anterior, al seleccionar la primera de las opciones se llamará a ejecución al programa denominado 'momentos.c', que generará la siguiente ventada de resultados:

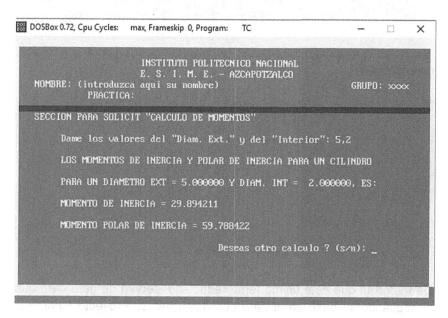

La cual como observamos, tiene mucha mejor presentación de la práctica correspondiente al cálculo de Momentos, solo faltaría la especificación de las unidades con las que se trabajó (supuestamente).

Al ejecutar la opción tercera del Menú Principal, se desplegará en la pantalla el submenú de los programas vistos en clase, correspondientes a los Programas Cíclicos o Repetitivos.

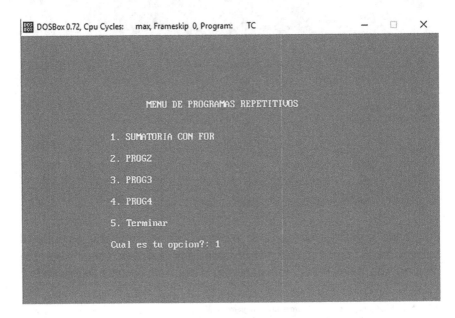

Al solicitar la ejecución del proceso (programa) ligado a la primera opción, obtendremos:

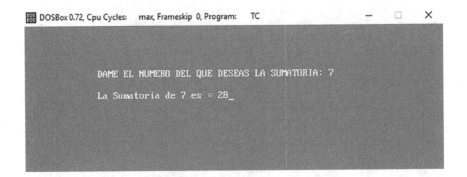

De tal forma que este último tema redactado, servirá de guía para que el educando se base en él para que desarrolle su Proyecto Final, que simplemente es la presentación de todos los programas vistos en clase, clasificados según su estructura de programación, a través del control y ejecución selectiva de los programas a ejecutar.

☼☼☼

Bien, como comentamos al inicio del presente capítulo, se han comentado algunos puntos sobresalientes al mismo, por lo que se recomienda al atento educando interesado en éste, acceder a un manual alusivo al tema. No profundizamos debido a que se trata de un curso básicamente introductorio a la Programación. Que les sea de utilidad.

SECCIÓN DE PREGUNTAS

PREGUNTA 1: ¿QUÉ SON LOS 'ARREGLOS'?

RESPUESTAS:

a) SON MEMORIAS DE VARIABLES.
b) SON GRUPOS DE MEMORIAS CON EL MISMO NOMBRE.
c) SON LOCALIDADES DE MEMORIA.
d) MATRICES.

PREGUNTA 2: ¿QUÉ ES LO QUE REALIZA LA DECLARACIÓN DE UN ARREGLO?

RESPUESTAS:

a) PERMITE SU MANIPULACIÓN.
b) DEFINE EL TIPO DE DATOS, ASIGNA UN NOMBRE Y ESTABLECE EL TAMAÑO.
c) RESERVA LOCALIDADES DE MEMORIA.
d) SON CIERTOS LOS INCISOS 'a' Y 'b'.
e) TODOS LOS INCISOS SON CIERTOS.

PREGUNTA 3: UNA VEZ DECLARADO UN ARREGLO: ¿CUÁL ES, NORMALMENTE, EL SIGUIENTE PASO LÓGICO A SEGUIR?

RESPUESTAS:

a) LA INTRODUCCIÓN DE DATOS.
b) LA DEFINICIÓN DEL ARREGLO.
c) ESPECIFICAR EL PROCESO A REALIZAR.
d) IMPRIMIR SUS VALORES.

PREGUNTA 4: ¿A QUÉ SE LE LLAMA ARREGLO BIDIMENSIONAL?

RESPUESTAS:

a) A AQUELLOS FORMADOS POR COLUMNAS Y RENGLONES.
b) PODRÍAN SER DENOMINADAS MATRICES.
c) A LAS QUE SE UTILIZAN PARA SOLUCIONAR PROBLEMAS DE ECUACIONES ALGEBRAICAS LINEALES.

d) PODRÍAN SER TABLAS RECTANGULARES VERTICALES. e). TODAS LAS RESPUESTAS ANTERIORES SON CORRECTAS.

PREGUNTA 5: ¿QUÉ CARACTERÍSTICAS TIENEN LAS MATRICES CUADRADAS?

RESPUESTAS:

a) TIENEN EL MISMO NÚMERO DE RENGLONES Y COLUMNAS.
b) TIENEN UNA DIAGONAL PRINCIPAL PONDERADA.
c) TIENEN MUCHAS APLICACIONES EN EL CÁLCULO MATEMÁTICO.
d) LAS RESPUESTAS DE LOS INCISOS **A** Y **C** SON CORRECTAS.
e) LAS RESPUESTAS DE LOS INCISOS **A**, **B** Y **C** SON CORRECTAS.

PREGUNTA 6: CON LA MANIPULACIÓN DE SUS ÍNDICES, ¿QUÉ PODEMOS GENERAR DE UNA MATRIZ CUADRADA?

RESPUESTAS:

a) MATRICES CUADRADAS Y DIAGONALES.
b) SOLAMENTE MATRICES UNITARIAS.
c) MATRICES TRIANGULARES ÚNICAMENTE.
d) TODOS LOS INCISOS SON CORRECTOS.
e) NINGÚN INCISO ES CORRECTOS.

PREGUNTA 7: ¿QUÉ ES UNA MATRIZ TRASPUESTA?

RESPUESTAS:

a) AQUELLA CUYOS ELEMENTOS SON TRANSPUESTOS.
b) AQUELLA EN LA QUE SUS ELEMENTOS DE LA DIAGONAL PRINCIPAL SON TODOS DÍGITOS UNO.
c) LA QUE SE OBTIENE A PARTIR DE UNA MATRIZ CUADRADA, PERMUTANDO LAS POSICIONES DE SUS ÍNDICES.

PREGUNTA 8: LA MATRIZ IDENTIDAD ¿ES EQUIVALENTE A LA MATRIZ UNITARIA?

RESPUESTAS:

a) NO.

b) SI.
c) A VECES. d). NUNCA.

PREGUNTA 9: UTILIZANDO SU PROGRAMA DE MULTIPLICACIÓN DE MATRICES, CALCULE EL PRODUCTO DE LAS SIGUIENTES MATRICES DADAS:

$$A = \begin{matrix} 1\,2 \\ 3\,4 \\ 5\,6 \end{matrix} \quad Y \quad B = \begin{matrix} 1\,2\,3\,4 \\ 5\,6\,7\,8 \end{matrix}$$

RESPUESTAS:

a). C =
```
10 13 16 19
23 29 36 43
34 45 57 67
```

b). C =
```
11 14 17 20
23 30 37 44
35 46 57 68
```

c). C =
```
10 13 16
23 29 36
34 45 57
```

d). C =
```
11 14 17
23 30 37
35 46 57
```

e). C =
```
10 13
23 29
```

PREGUNTA 10: ¿QUÉ PASOS SE DEBEN SEGUIR PARA DEFINIR UNA FUNCIÓN MATEMÁTICA?

RESPUESTAS:

a) DEFINIRLA ANTES DE LA FUNCIÓN MAIN().
b) DEFINIRLA ANTES DEL MAIN() Y DECLARARLA AL FINAL, DELIMITÁNDOLA CON LA CLAUSULA **'RETURN'**.
c) DECLARARLA ANTES DEL MAIN() Y DEFINIRLA AL FINAL DE LA MISMA

PREGUNTA 11: ¿QUÉ OTROS NOMBRES RECIBEN LOS ARREGLOS UNIDIMENSIONALES?

RESPUESTAS:

a) ARREGLOS DE UNA SOLA DIMENSIÓN O LINEALES.
b) LISTAS O VECTORES.
c) NINGÚN INCISO ES CORRECTO.

PREGUNTA 12: Y ¿LOS ARREGLOS BIDIMENSIONALES?

RESPUESTAS:

a) TABLAS Y MATRICES.
b) ARREGLOS DE DOS DIMENSIONES O NO LINEALES.
c) c). LAS AFIRMACIONES ANTERIORES SON CIERTAS.

PREGUNTA 13: ¿SE PUEDEN HACER OPERACIONES ALGEBRAICAS CON MATRICES?

RESPUESTAS:

a) NO.
b) SI.

PREGUNTA 14: ¿QUÉ REQUISITOS SE DEBEN OBSERVAR PARA REALIZAR OPERACIONES ALGEBRAICAS?

RESPUESTAS:

a) QUE SE TENGAN DOS MATRICES CON IGUAL NÚMERO DE COLUMNAS, EN LA PRIMERA, Y DE RENGLONES DE LA SEGUNDA.
b) QUE SE TENGAN DOS MATRICES CON IGUAL NÚMERO DE FILAS DE LA PRIMERA, Y DE COLUMNAS, DE LA SEGUNDA.
c) QUE LA MATRIZ EN CUESTIÓN SEA UNA MATRIZ CUADRADA.

PREGUNTA 15: EN UNA MATRIZ TRIANGULAR SUPERIOR, ¿QUÉ CARACTERÍSTICA TIENEN SUS ÍNDICES?

RESPUESTAS:

a) QUE EL VALOR DEL ÍNDICE DE RENGLÓN, ES MENOR AL VALOR DEL ÍNDICE DE COLUMNA.

b) QUE EL VALOR DEL ÍNDICE DE COLUMNA, ES MENOR AL VALOR DEL ÍNDICE DE RENGLÓN.

c) QUE EL VALOR DEL ÍNDICE DE RENGLÓN, ES IGUAL AL VALOR DEL ÍNDICE DE COLUMNA.

APÉNDICE A

Se presentan en este apartado los **Archivos *Cabecera*** (.h) o **Bibliotecas** que se tienen en el Compilador de **Turbo C**, a manera de referenciales comparativos para investigar los equivalentes que hay en los otros Compiladores. Pueden estar las mismas Bibliotecas pero, van a encontrarse con diferencias en cuanto a las **Funciones Prototipo** que contienen, como ya he comentado (entre líneas) en algún programa mostrado con anterioridad; es el caso por ejemplo, de la función prototipo **delay()** –retardador descendente en milisegundos– la cual, en Turbo C, está contenida en la **Biblioteca conio.h**, función que no se localiza en ésta Biblioteca del Compilador del **Dev-C**, en su lugar se utiliza la función **Sleep()** que está contenida en la Biblioteca **windows.h**. Así como este ejemplo se encontrarán más casos similares. Esto da la pauta para hacer una interesante búsqueda o investigación para encontrar las diferencias en contenidos de las Bibliotecas en los correspondientes compiladores.

ARCHIVOS INCLUDE (encabezado: 'h') DE TURBO C++

ARCHIVO 'HEADER'   DESCRIPCIÓN Y FUNCIONES QUE DEFINE

--------------+---

alloc.h Declara Funciones para el manejo de la Memoria (asignación, desasignación, etc.).

brk	arfree	arheapcheck	farcalloc
farcoreleft	calloc	coreleft	farheapcheckfree
farheapchecknode	farheapfillfree	fraheapwalk	farmalloc
farrealloc	free	heapcheck	heapcheckfree
heapchecknode	heapfillfree	heapwalk	malloc
realloc	sbrk		

assert.h Define la macro para confirmar debugging.

assert

bcd.h Declara la clase de bcd parra C++ de los operadores sobrecargados para el bcd y las funciones matemáticas de bcd.

abs	acos	asin	atan	cos	cosh	exp	log	log10
pow	pow10	real	sin	sinh	sqrt	tan	tanh	

bios.h Declara varias funciones usadas en llamadas de las Rutinas del ROM del BIOS de la IBM-PC.

biosdisk	biosmemsize	biosequip	bioskeybrd
biosprinter	bioscom	biosserialcom	biostimeofday
biosdisk	biosmemory	biosequip	bioskey
biosprint	biostime		

complex.h Declara las funciones matemáticas complejas de C++.

Incluye: **IOSTREAM.H MATH.H**

conio.h Declara varias funciones usadas en llamados a rutinas de i/o de la Consola por el DOS.

cgets	cprintf	clreol	clrscr
cputs	getch	cscanf	delline
getche	gettextinfo	getpass	gettext
gotoxy	np	highvideo	insline
inport	kbhit	inportb	inpw
lowvideo	outp	movetext	normvideo
outport	putch	outportb	outpw
puttext	textbackground	setcursortipo	textattr
textcolor	wherex	textmode	ungetch
wherey	window		

ctype.h Contiene información utilizada para la clasificación de Caracteres y para macros de conversión de caracteres.

ftolower	isalpha	isascii	iscntrl	isalnum	ftoupper
isdigit	isgraph	islower	isprint	ispunct	isspace
isupper	isxdigit	toascii	tolower	toupper	

dir.h Contiene estructuras, macros y funciones para trabajar con directorios y nombres de trayectorias.

chdir	fnsplit	findfirst	findnext	fnmerge
getcurdir	getcwd	getdisk	getdisk	mkdir
mktemp	rmdir	searchpath	setdisk	

direct.h Define estructuras, macros y funciones para trabajar con directorios y nombres de trayectorias.

chdrive   getdcwd   getdrive

dirent.h Declara funciones y estructuras para operaciones en directorios POSIX.

dos.h   Define varias constantes y provee de las declaraciones requeridas por llamadas al DOS del 8086 específicamente.

Absread	abswrite	allocmem	bdos
bdosptr	chainintr	country	ctrlbrk
delay	disable	dosallocmem	dosclose
doscreat	doscreatnew	dosexterr	dosfindfirst
dosfindnext	dosfreemem	dosgetdate	dosgetdiskfree
dosgetdrive	dosgetfileattr	dosgetftime	dosgettime
dosgetvect	doskeep	dosopen	dosread
dossetblock	dossetdate	dossetdrive	dossetfileattr
dossetftime	dossettime	dossetvect	dostounix
doswrite	emit	enable	FPOFF
FPSEG	freemem	geninterrupt	getcbrk

getdate	getdfree	getdrive	getdta
getfat	getfatd	getftime	getpsp
gettime	getvect	getverify	harderr
harderr	hardresume	hardresume	hardretn
hardretn	inp	inport	inportb
poke	pokeb	randbrd	randbwr
segread	setblock	setcbrk	setdate
setdta	settime	setvect	setverify
sleep	sound	unixtodos	unlink

errno.h Define constantes mnemónicas para los códigos de error.

doserrno errno   sysnerr error número definiciones

fcntl.h Define constantes simbólicas usadas en conexión con la rutina de bibliotecas abierta.

fmode	oappend	obinary	ochanged	ocreat
odenyall	odenynone	odenyread	odenywrite	odevice
oexcl	otext	onoinherit	ordonly	ordwr
otrunc	owronly			

float.h Contiene parámetros para rutinas de punto flotante.

clear87   fpreset   control87 status87

fstream.h Declara las clases de cadenas de C++ que soportan archivos de entrada y salida.

Incluye: IOSTREAM.H

generic.h Contiene macros para la declaración de clases genéricas.

graphics.h Declara prototipos para las funciones gráficas.

arc	bar	bar3d	cleardevice	clearviewport
closegraph	detectgraph	drawpoly	ellipse	fillellipse
floodfill	fillpoly	getarccoords	getaspectratio	
getbkcolor	getcolor	getefaultpalette	getdrivername	getfillpattern
getfillsettings	getgraphmode	getimage	getlinesettings	getmaxcolor
getmaxmode	getmaxx	getmaxy	getmodename	getmoderange
getpalette	getpalettesize	getpixel	gettextsettings	getviewsettings
getx	gety	graphdefaults	grapherrormsg	graphfreemem
graphgetmem	graphresult	imagesize	initgraph	installuserdriver
installuserfont	line	linerel	lineto	moverel
moveto	outtext	outtextxy	pieslice	putimage
putpixel	rectangle	registerbgidriver	registerfarbgidrive	registerbgifont
registerfarbgifont	restorecrtmode	sector	setactivepage	setallpalette
setaspectratio	setbkcolor	setbkcolor	setcolor	setfillpattern
setfillstyle	setgraphbufsize	setgraphmode	setlinestyle	setpalette
setrgbpalette	settextjustify	settextstyle	setusercharsize	setviewport
setvisualpage	setwritemode	textheight	textwidth	

io.h   Contiene estructuras y declaraciones para rutinas de entrada/salida de bajo nivel.

access	chmod	chmod	chsize	close
close	creat	creat	creatnew	creattemp
dup	dup2	ede	filelength	getftime
ioctl	isatty	lock	locking	lseek
mktemp	open	read	read	open
remove	rename	setftime	setmode	sopen
tell	umask	unlink	unlock	write
write				

iomanip.h Declara los manipuladores de cadenas de I/O de C++ y contiene macros para crear manipuladores parametrizados.

iapp	ioapp	oapp	sapp	imanip
iomanip	omanip	smanip		

iostream.h Declara las rutinas de cadenas básicas de I/O de C++ (ver. 2.0).

ios	iostream	iostreamwithassign	iostreamwithassign
istream	ostream	ostreamwithassign	streambuf
streamwithassign			

limits.h Contiene información sobre parámetros de ambientación e información acerca de limitaciones del tiempo de compilación y rangos de las cantidades integrales.

charbit	charmax	charmin	intmax	intmin
longmax	longmin	scharmax	scharmin	shrtmax
shrtmin		uintmax	ulongmax	ushrtmax

locale.h Declara funciones que proveen de información sobre la ciudad y el idioma.

localeconv	setlocale

malloc.h Contiene funciones para el manejo de la memoria y de las variables.

Incluye: **ALLOC.H**

math.h Declara prototipos para las funciones matemáticas y define la macro 'HUGEVAL' y

Abs	acos	acosl	asin	asinl
atan	atanl	atan2	atan2l	atof
atold	cabs	cabsl	ceil	ceill
cos	cosl	cosh	coshl	exp
expl	fabs	fabsl	floor	floorl
fmod	fmodl	frexp	frexpl	hypot
hypotl	labs	ldexp	ldexpl	log

logl	log10	log10l	herr	mat
matherrl	modf	modfl	poly	polyl
pow	powl	pow10	pow10l	sin
sinl	sinh	sinhl	sqrt	sqrt
tan	tanl	tanh	tanhl	

declara la estructura de excepción dada por 'matherr'.

mem.h Declara funciones para la manipulación de memoria. (Muchas de ellas están definidas también en string.h)

fmemccpy	fmemchr	fmemcmp	fmemcpy	fmemicmp
fmemmove	fmemset	fmovmem	fsetmem	memccpy
memcpy	memchr	memcmp	memicmp	memmove
memset	movedatos	movmem	setmem	

memory.h Funciones para la manipulación de memoria.

Incluye: **MEM.H**

new.h Para acceso al operador 'new' y 'new handler': setnewhandler

process.h Contiene estructuras y declaraciones para las funciones 'spawn' y' exec'.

abort	cexit	cexit	execl	execle
execlp	execlpe	execv	execve	execvp
exit	exit	getpid	execlp	execvpe
spawnl	spawnlp	spawnle	spawnlpe	spawnv
spawnve	spawnvpe	system	spawnvp	

search.h Declara funciones para búsqueda y clasificación.

bsearch	lfind	lsearch	qsort

setjmp.h Define el tipo usado por 'longjmp' y 'setjmp'.

longjmp	setjmp

share.h Define parámetros usados en funciones que utilizan 'file-sharing'.

shcompat	shdenyno	shdenynone	shdenyrd	shdenyrw	shdenywr

signal.h Define macros usadas para la lectura de la lista de argumentos en funciones declaradas para aceptar un número variables de argumentos.

raise	signal

stddef.h Define varios tipos de datos y macros comunes.

NULL	ptrdifft	sizet	wchart

stdio.h Define varios tipos de datos y macros requeridos para el paquete Standard de I/O definido en el UNIX extendido de Kernighan y Ritchie en el System V. Define las cadenas predefinidas estándares de I/O 'stdin', 'stdout', 'stdprn', y 'stderr', y declara rutinas de cadenas de I/O.

clearerr	fclose	fcloseall	fdopen	fede
fflush	fgetc	fgetchar	fgetpos	fileno
flushall	fopen	fprintf	fputchar	fputs
fread	freopen	fseek	fsetpos	ftell
fwrite	getchar	gets	getw	getc
ferror	fgets	fscanf	fputc	perror
printf	putc	putchar	puts	putw
remove	rename	rewind	tmpfile	tmpnam
vprintf	vscanf	ungetc	vfprintf	vfscanf
vsscanf	vsprintf	unlink		

stdiostr.h Declara las clases de cadenas de C++ (versión 2.0) a ser usada con las estructuras de archivos de 'stdio'.

stdlib.h Declara varias rutinas comúnmente usadas: rutinas de conversiones, rutinas de búsqueda/clasificación, y otras misceláneas.

abort	abs	atexit	atde	atoi	atol
bsearch	calloc	div	ecvt	exit	exit
fcvt	free	fullpath	gcvt	getenv	itoa
labs	ldiv	lfind	lrotl	lrotr	lsearch
ltoa	makepath	malloc	max	mblen	mbtowc
mbstowcs	min	putenv	qsort	ry	splitpath
random	randomize	realloc	rotl	rotr	searchenv
sry	strtod strtol	strtold	strtoul	swab	system
time	ultoa	wctomb	wcstombs		

stream.h Declara las rutinas de cadenas de (I/O) de C++ (version 1.2)

string.h Declara varias rutinas para la manipulación de cadenas y de memoria.

fmemccpy	fmemchr	fmemcmp	fmemcpy	fmemicmp
fmemset	fstrcat	fstrchr	fstrcmp	fstrcpy
fstrcspn	fstrdup	fstricmp	fstrlen	fstrlwr
fstrncat	fstrncmp	fstrnicmp	fstrncpy	fstrnset
fstrpbrk	fstrrchr	fstrrev	fstrset	fstrspn
fstrstr	fstrtok	fstrupr	memccpy	memchr
memcmp	memcpy	memicmp	memmove	memset
movedatos	movmem	setmem	stpcpy	strcat
strchr	strcmp	strcmpi	strcpy	strcspn
strdup	strerror	strerror	stricmp	strlen
strlwr	strncat	strncmp	strncmpi	strncpy

strnicmp	strnset	strpbrk	strrchr	strrev
strset	strspn	strstr	strtok	strxfrm
strupr				

strstrea.h Declara las clases de cadenas de C++ para ser utilizadas con arreglos de bytes en memoria.

istrstream	ostrstream	strstream	strstreambase	strstreambuf

sys\locking.h Definición de parámetros de modo para funciones vistas.

lklock	lknblck	lknbrlck	lkrlck	lkunlck

sys\stat.h Define constantes simbólicas usadas para abrir y crear archivos.

fstat	stat

sys\timeb.h Declara la función 'ftime' y la estructura 'timeb' que retorna 'ftime'.

ftime

sys\types.h Declara la tipo 'timet' usado con funciones de tiempo.

timet

time.h Define una estructura compuesta por rutinas de conversión de tiempo y un tipo usado por otras rutinas de tiempo; asimismo provee prototipos para estas rutinas.

asctime	clock	ctime	difftime	gmtime
localtime	mktime	stime	strftime	strdate
strtime	time	tzset		

utime.h Declara la funciones 'utime' y la estructura 'utimbuf'

utime

values.h Define importantes constantes, incluyendo aquellas dependientes del tipo de máquina provista para la compatibilidad del Sistema V de UNIX.

bitsperbyte	dmaxexp	dmaxpowtwo	dminexp	dsignif
fmaxexp	fmaxpowtwo	fminexp	fsignif	fexplen
hibiti	hibitl	hibits	lenbase	maxdouble
maxfloat	maxint	maxlong	maxshort	mindouble
Minfloat				

varargs.h Define macros de viejo formato para procesar los argumentos de las variables listadas super cedidas por **stdarg.h**

APÉNDICE B

RESPUESTAS A LAS PREGUNTAS CAPITULARES

CAPÍTULO I	
REAC	VAL
1	C
2	C
3	A
4	B
5	B
6	B
7	A
8	C
9	D
10	A
11	C
12	B
13	A
14	B
15	D
16	A
17	D
18	B

CAPÍTULO II	
REAC	VAL
1	C
2	D
3	B
4	E
5	C
6	F
7	A
8	D
9	B
10	B
11	A
12	B
13	C
14	B

CAPÍTULO III	
REAC	VAL
1	A
2	E
3	B
4	A
5	C
6	B
7	C
8	B
9	C
10	B
11	D
12	B
13	A
14	C
15	B
16	D
17	C
18	E

CAPÍTULO IV	
REAC	VAL
1	C
2	E
3	A
4	E
5	D
6	A
7	C
8	B
9	B
10	C
11	B
12	A
13	B
14	C
15	A

BIBLIOGRAFÍA

"FUNDAMENTOS DE PROGRAMACIÓN, Algoritmos y Estructura de Datos" Luis Jayanes Aguilar
Mc Graw Hill

"FUNDAMENTOS DE PROGRAMACIÓN C/C++"
Ernesto Peñaloza Romero Alfa-omega

"INTRODUCCIÓN A L A PROGRAMACIÓN"
Felipe Ramírez Alfa-omega

"DIAGRAMAS DE FLUJO"
Mario V. Farina Edit. Diana

"C Y C++ C Ó M O P R O G R A M A R"
Harvey M. y Paul J. Deitel Pearson-Prentice Hall

"TURBO C++ STEP BY STEP"
Wolfgang Deiss Abacus

Printed in the United States
by Baker & Taylor Publisher Services